四库存目

青囊匯刊⑥

地理山洋指迷

〔明〕周景一◎撰

郑同◎校

华龄出版社
HUALING PRESS

责任编辑：薛　治
责任印制：李未圻

图书在版编目（CIP）数据

四库存目青囊汇刊.6／（明）周景一撰；郑同校.—北京：华龄出版社，2019.3

ISBN 978-7-5169-1430-4

Ⅰ.①四…　Ⅱ.①周…②郑…　Ⅲ.①《四库全书》—图书目录 Ⅳ.①Z833

中国版本图书馆 CIP 数据核字（2019）第 058299 号

书　　名：四库存目青囊汇刊（六）：地理山洋指迷
作　　者：（明）周景一撰　郑同校
出版发行：华龄出版社
印　　刷：九洲财鑫印刷有限公司
版　　次：2019 年 6 月第 1 版　2019 年 6 月第 1 次印刷
开　　本：720×1020　1/16　　**印　　张：**11.5
字　　数：168 千字　　**印　　数：**1～6000 册
定　　价：32.00 元

地　　址：北京市朝阳区东大桥斜街 4 号　**邮　　编：**100020
电　　话：（010）58124218　**传　　真：**（010）58124204
网　　址：http：//www.hualingpress.com

序一

《地理指迷》原本得行于世，岂偶然哉！如明初周景一先生，为州山吴氏卜葬，多奇穴，更贻以《指迷》书；厥后吴氏人文蔚起，成巨族，其书遂见重于人，传抄几遍江浙。第自明迄今，相沿年远；抄录愈繁，舛讹益甚，此原本固不可不刊行也。姑苏俞君归璞、同邑吴子卿瞻，嗜青囊学，见《指迷》坊刻之讹；即其注释，亦未能阐发书意，因取旧藏原本疏注，为枕中秘。惟是俞、吴二子向皆作客远方，天南地北，萍合四明，讨论数载，注成全集。而先生传书四百余年，今始得人，盖有数存，非偶然也。宜为同志者怂恿付梓，公之于世，问序于余。读之明晰畅达，与大概流传者，独优所增注解，简明扼要，亦与他本不同，是真得先生之心传者。予曾注《星影》二卷，发明在天成象、在地成形之义，是编有之，以地下山形合上天星象，可谓先得我心。二书兼备，则仰观俯察，于地学益臻微妙，比原本不可不亟为刊行也。予喜其书成，而为之序。

乾隆丁未嘉平月山阴姚雨方序，时年七十有七。

序二

地理由来尚矣，有传人必有传书。顾书不一，如周景一先生《指迷》者盖寡。先生为明初堪舆大家，孤踪高蹈，不以术鸣。先是予季父青岩公游于越，得其书，不识为谁氏著撰。乡里荐绅家，偶有藏本，较之稍异，且多《平洋》一卷。尝曰："是书析理昭畅，甲于峦理。诸家学地理者，宜以此为宗。"岁甲辰，予客甬江，晤山阴吴子卿瞻，论堪舆学，述周景一先生巅末事，得阅其所传《指迷》原本，与予旧帙吻合。因以知显晦有时，向读其书，今悉其人；务实学者，名必归之也。独惜其书较诸家且确，而不盛传于世。盖以其人不求名誉，遇知音而方罄所学。如吴子称述，明永乐时，先生与其族祖友善，居停数十年，发祥诸茔，悉由指示，濒行日，始以箧书赠，其慎重也若是，此书之所以不甚传而独为吴氏秘。及吴氏簪缨世显，好事者仅以山法数卷辗转传抄，假名刊布，增损舛讹，岂知完璧固有在，一斑未足以窥全豹，况更有毫厘千里之谬哉！今读全书，原本萃青囊之秘要，阐黄石之微言，细若机丝，朗如金鉴，较传抄诸本，言辞阙失，阅未竟而厌倦者，不啻霄壤，实为开凿混沌，昭晰阴阳秘笈。得其旨者，何至望洋兴叹，迷于所视乎？爰与吴子互相讨论，增注成编，质之同志，咸以为可。夫求名师不得，读名师之书即得也。自应公之宇内，使人操宝钥，家奉南车；山川不能遁其形，贤达不得专其美；先生之教，庶与日月终古矣！因付梓人，而述其大略如此。

时乾隆丁未春日，吴门俞归璞序。

序三

周景一先生者，明初台郡人也，善堪舆，为予先世窀穸计，贻地理《山洋指迷》书四卷，珍为家藏，递传弗失。予向客四明，见目讲师《地理索隐》，即《指迷》也，有山法而无平洋，且删除殆半，无以发明，更有以《指迷》为宋王伋撰，或称元谭仲简书，镂板行世，书同名异。何以证之？尝读族祖环州公序，先生本儒业，而性耽山水，得青囊之秘，人以地仙称。前明永乐间，游于越，与予三世伯祖裕菴公深契，居停有年，家数善地，悉由指点，蛇山眠犬为最著。正统十四年，先生辞归，爰以箧书赠，此书之由来也。其后予族丁齿日繁，簪缨继起，以忠孝文行武功著者，代不乏人。四百余年来，子姓箕裘，仰承如昔。食先生之德而扬其徽者，迄今犹称道弗衰。书之传也，盖确有可证者。第先生潜德高风，深自韬晦，不著姓氏于书，传抄者或昧根荄，刊行者借名炫世；或图简略，率意删除，亥豕鲁鱼，殊失庐山面目，况少《平洋》一卷，犹非全璧。其称为目讲、王伋、谭仲简者，即非漫无所据，亦可无论已。甲辰春，姑苏俞归璞先生共事甬城，见予《指迷》原本，证其所载，卷帙相同，幸旧录之犹存，较传抄之未备，因思所以寿世，而予亦有同心，于是反复参详，逐篇增注；三易其稿，犹虑不能阐其微，同人谬加称许，爰付剞劂，皆所以推广先生传书垂教之意。俾究心地理者，识山水之性情，辨龙穴之真伪；吉获牛眠，庆延麟趾；作忠作教，黼黻升平。知先生加惠于地学无涯，而人子之葬其亲端赖是编，传之不朽云。

时乾隆丁未仲春，山阴吴卿瞻序。

凡例

一、是书山龙专重开面，平洋专重束气开口，占地步则山洋均重。书凡四卷，第一卷首论峦头为本，为全编立言大旨。分敛、仰覆、向背、合割四篇，概论开面；纵横、收放、偏全、聚散四篇，概论地步。二卷分论开面，三卷分论地步，后以开面地步，包括形势星辰，为山法诸篇结束。饶减、挨弃、倒仗、浅深四篇，乃立穴定向之准绳，所以补葬法之未备。四卷专论平洋，承《山龙开面》说起，以《山洋异同》篇总结全书。

一、是书山法诸篇，虽经坊刻，尚未有未全；而平洋一卷，更为世所罕见，标题《山洋指迷》者，实与他本不同。

一、是书正文图说，悉照原本，不敢增减。惟大概抄本，间有诠注，虽不知何人手批，然足以阐发文义者，亦采录附入。此外尚有未甚晓畅处，或引前人成言，或另增注解，加圈别之。第四卷本无注释，并经参注。更有笔墨难尽者，推广正文本义，附以图说，复将每篇警句密圈，分清段落，庶可一目了然。

一、是书娓娓数万言，如剥蕉抽茧，层层推勘，丝丝入扣，其妙处全在一正一反。对说如何是真，必言如何是假，丝毫不肯放过。虽字句不无重复处，然缕晰條分，各有精义，潜心披阅，自可豁然贯通。初学最易入门，高明者亦可扩充眼界，开拓心胸。

一、是书评论山洋，每篇先言龙脉，次及砂水穴情，分别龙穴，真伪大小，了如指掌。至《山龙分敛》篇云："穴后宜分不宜合，穴前宜合不宜分"，《平洋龙体穴形》篇云："后以束气为证，前以明堂聚处为凭"，总括山洋龙穴大旨，可谓要言不繁。

一、山龙落脉，全在垂头；开面结穴，全在毬簷唇毡。辨脉穴真假，已备于首二两卷；若乳突窝钳及平洋龙体穴形诸篇，尤为穴法精粹，是编应推峦理上乘。

一、山龙为三分三合水，平洋有大分合、小分合、真分合之水。山洋龙法穴法，大略相同。太阳太阴少阳少阴四象，虽论平洋形体，亦与山龙仿佛，可以参看。

一、平洋束气开口，乘脊脉，看水绕，前人原有论及。是书辨明收放开口，各有真伪。近山平洋有脊脉者，不可无水绕；远山平洋有脊脉，以低田低地为堂界；而无明水者，不可无大水会合。及出水莲花、泊岸浮簰、逝水沙洲诸格，他书无此发明。

一、点穴自古称难。欲明点穴之法，莫过此书；明白畅达，亦莫过此书。平洋妙论精微，法无不备，且以补山龙穴法之不足。其有裨地理，更匪浅鲜。

目　录

山洋指迷原本卷一

论地理以峦头为本

峦头不专指星体而言，凡龙穴砂水有形势可见者，皆峦头内事也。《青囊经》曰：“理寓于气，气囿于形”。盖理者，阴阳五行之理；气者，阴阳五行之气；形则，山峙水流之形也。山之所以峙，水之所以流，莫非阴阳五行之气使然，而其中有理存焉，朱子所谓：“气以成形，而理亦赋焉”者也。但气有吉凶，不以理推之，则不可得而知之。故圣贤说卦以明理，用卦以推气，凡先天、后天、双山、四经、三合、玄空、穿山、透地、坐度、分金、休囚、旺相、气运、岁时，皆理气内事也。[①] 第峦头、理气二者孰重？曰：峦头真理气自验，峦头假理气难凭。故理气不合而峦头真者，虽有瑕疵，不因理气不合而不发富贵；理气合而峦头假者，定不因合理气而发福禄。是峦头为理气之本也明矣，学者必待峦头精熟，地之真假大小，穴之吞吐浮沉，卓然有见于胸，然后讲求理气，以明乘气、立向、控制、消纳、徵验、岁运之用，亦不可废。如峦头未熟，先学理气，虽贵阴贱阳，来生去墓诸说，确确可据，而吉凶休咎，似与峦头无与，往往求福而致祸者，舍本逐末故也。故曰：“占山之法，以势为难，而形次之，方又次之。”又曰：“有体方言用，耑用则失体。”可不知所先务哉！

---

① 理气诸说各有所用，恐人无所适从，特举最要数者为后学指南。

开面地步

地之真假大小，何以辨之？先观开面之有无，便知真假之概，再观开面之多寡大小，及地步之广狭，而地之大小亦知其概。何谓开面，只以分敛、仰覆、向背、合割八字察之。分而不敛，仰而不覆，向而不背，合而不割者，为开面；四者之中，有一反是，为不开面。何谓地步？只以纵横、收放、偏全、聚散八字察之，纵长横广，收小放大，局全而聚大者，地步广；纵虽长，横不广，收虽小，放不大，局偏而聚小者，地步狭。

分敛①

何谓分敛？曰：分者，分开八字也。无个字不成龙，无分金不出脉，②故凡有顶有泡处，皆不可无分，以为个字分金之丿乀，③但不可三股显然如鸡爪，必有矬有平，中脉如宽牵线者方是。④又须大丿、乀之内有小丿、乀，显丿、乀之内有隐丿、乀，故有大分小分，显分隐分之不同。大分者，主星顶上分开大八字，谓之明肩。明肩之内，又分半大半小八字，不论条数之多寡，均为护带。护带之内，贴脉分小八字，谓之蝉翼。⑤显分者，明肩、护带也。隐分者，蝉翼也。更有隐者，谓之肌理刷开。⑥其顶下胸腹间所起突泡，或分小八字，或分隐八字，谓之金鱼砂，亦为暗翼。⑦以上乃来龙降脉之分，不论祖山穴山，皆宜如此。⑧有临穴之际，或分蝉翼砂而成乳突穴，或分牛角砂而成窝钳穴，蝉翼、牛角砂之内，均有肌理

---

① 此篇论来龙降脉及穴山、穴面之分敛，总以诸砂证其开面，为山法全编之主脑也。

② 山龙落脉非个字不行，落脉处要成星体，方有分金之面。有个字则开肩，开肩则有分水，水分则脉清。

③ 分金之丿、乀者，分出丿、乀成金字之面也。

④ 三股一样高起如鸡爪者为贯顶，两边砂高，中脉微平软泛方是宽牵线。

⑤ 蝉翼乃出脉处所分之隐砂。

⑥ 星体上有无数细纹分开者，是依稀微茫，须细心体认。

⑦ 此半山突泡所分之隐砂，比蝉翼砂略短。

⑧ 行度处微有不同。

刷开之隐分，方开穴面。亦有乳突无蝉翼可见，只满面肌理刷开，使穴腮圆胖，以成穴面者。此临穴之蝉翼、牛角、肌理刷开，总谓之牝牡砂，乃为分尽之分，亦谓分金之面。①

谓之明肩者，以其如人之两肩，如飞鸟之两翼，又如金字之人字，②不论大小星辰，俱不可少，在横降处，尤为紧要。③ 如无大八字，或大八字少一边，或参差不齐，或一边背我，或无菱角背面，或内无隐八字，或大八字之丿、乀上，自分个字而成龙，不为我之用神者，不论祖山穴山，俱无真结。若外有至大之八，帐幕迎送缠护者是也。④ 又有开肩之大八字，三台、五脑、七脑、九脑、金水帐者是也。

谓之护带者，以其形如垂带，作正脉两边之护从也。开脚大星，⑤ 与横山分落。开帐落脉者，俱不可少。⑥ 此三者若无护带，为出脉无地步。护带不豁开如八字，而反插入者为敛。⑦ 惟外背内面，先分开而尾插入者不忌。护带无背面为闲砂，一边背我为无情，皆不成地。中小星辰，不拘护带有无，⑧ 尖圆方之正体星辰，常无护带。⑨ 护带亦有生于明肩外者，⑩总要外背内面方真。

谓之蝉翼者，以其所分至隐，如蝉翼之轻薄也。蝉之飞、住不同，故蝉翼有舒、贴二体。舒者上半贴于身，至翼尾则分开两片于旁，三股井然可见；贴者翼尾紧贴身上，两股隐然难明。⑪ 山顶之蝉翼舒者多而贴身者少，穴旁之蝉翼舒者少而贴身者多。⑫ 开脚星辰，顶上化生脑无蝉翼，界水贴脉透头，为贯顶，断不结地。虽有蝉翼，而顶上就分三股如鸡爪者，

---

① 穴后宜分，穴前宜合，分至此而尽，故曰：分尽。以上概论祖山穴山临穴分金之面，以下分疏诸砂名义。

② 外背内面弯抱向里者是，如背而直者非。

③ 横降无肩，落脉必假。

④ 迎送缠护即帐幕所分之枝脚。

⑤ 中分一脉，旁分数条，显然可见者，为开脚大星。

⑥ 星辰广阔，故须护带。

⑦ 或直生，或背向里者皆是。

⑧ 有则更妙。

⑨ 正体星辰开隐个字之面，必有肌理刷开，故不须护带。

⑩ 明肩外有砂包裹重重，均为护带。

⑪ 三股连中间脉路说，两股单指蝉翼言。

⑫ 贴身不显然分开，惟有隐分之势。

亦为贯顶。中有水痕穿透者，为蝉翼离身，不成地者十之八九。须看落脉之仰覆，旁砂之向背，以为弃取，[①] 必上截如覆锅一般，落下一段方分两片于旁，始肖蝉身之翼。盖蝉翼非头上所生，乃离头一段而生；非顶上就分三股，乃落下一段方成三股。若一边先分，一边后分，为蝉翼参差；一边有蝉翼，一边无者，为边有边无，皆不成地。惟一边无蝉翼，而得肌理之分者，亦能成地。但肌理之分甚微，与边无不甚相远，亦须以脉之仰覆，砂之向背证之。若尖圆方之正体星辰，与突泡毬簷有满面肌理之分者，不拘蝉翼有无，皆可论地。[②]

谓之肌理刷开者，以其所分至隐，如肌肤纹理，又如糊箒在壁上刷作分开之势。[③] 凡有顶有泡，出脉结穴处皆不可少，在低小正体星辰，与节泡毬簷之无蝉翼护带者，固全赖此隐然之分，以分开星面、穴面，使不饱硬欹破而面平。即高大开脚星辰，与节泡球簷之有护带、蝉翼者，亦莫不藉此隐然之分，以成星面、穴面。若未分蝉翼之上无此，[④] 则裹煞而刚饱；已分蝉翼之内无此，则不矬而硬直，何能使脉路穴情有分金之平面，而形如鹅毛氄[⑤]乎？夫山之贵有分者，以其能盪开粗硬之气于两边，使中间脉路有脱卸而软泛也。明肩、护带、蝉翼之分，但能盪开外层至粗之气。欲使中间脉路粗硬之气脱卸净尽，非肌理刷开之分不可。故自分龙以至入穴，无一节一泡之肌理可以直生敛入，[⑥] 无半突半边之肌理可以似分而分不净。其星面无矬平而带刚饱者，[⑦] 即是似分而分不净。

谓之金鱼砂者，以其如玉带间所佩之金鱼袋，又如鱼身之划[⑧]翅。特降星辰[⑨]半山有突泡者，必不可少。平冈龙体，不论在穴、山，此为第二分，断不可边无参差。惟边短边长、股明股暗无妨。明肩护带亦然。

---

① 得脉如鹅毛之仰，砂如手臂之向者，亦能结地。
② 肌理之分亦能分水，故可无蝉翼。
③ 有隐然分开之痕影，无显然分开之枝条，须细心体认。
④ 此字指隐分言，即肌理刷开也。
⑤ 氄音窝。
⑥ 直生则无弯抱之情，敛入则无分开之势。
⑦ 必无肌理痕影。
⑧ 音华。
⑨ 即成座耸拨星辰。

谓之牛角砂者，以其环抱如牛角也，窝钳真假，全在此砂弦稜之有无别之，[①] 必须外背内面，而背面交界之际，对望之若有稜起者为有弦菱。如无背面，而内外交界处，对望之囫囫囵囵者，为无弦稜边窝之格，定是边长边短，股明股暗。若半边全无者，则其无边之界水必穿肩而入于唇内，故牛角砂亦不可边有边无。

谓之牝牡砂者，以其珑璁临穴后，隐约蔽穴旁，如牝牡之交孚也。[②] 无牝右必割，无牡左必割，牝牡俱无，不能分开两畔之水，必左右俱割脚。[③] 无显然临穴之牝牡犹可，无肌理刷开之牝牡断不成地。盖有无蝉翼、牛角，但得肌理刷开之面而成穴者有之，未有无肌理刷开之面，但得蝉翼、牛角而成穴者。[④] 肌理刷开者，土肉之纹理如牛肉理之斜生，雨渗入土，从斜理分去，圹[⑤]中无水而有气。肌理不刷开者，土肉之纹理如牛肉理之直生，雨渗入土，从直理渗入，圹中有水而无气。故穴中有水无水，以土理之分开不分开别之；则有气无气，亦以土理之分开不分开验之。盖天下有生气者，人物草木也。人物草木得有生气者，手足、眉目、羽毛、鳞甲、枝叶、蒂瓣，显然之形体，固无不分，即寸肤寸肉，一叶一瓣，隐然之纹理，亦无不分。若只有显分而无隐分，是犹塑音素画者，虽具人物之形，全无生气，何能知觉运动乎？星辰虽有明肩、护带，而无肌理刷开之分，即为粗蠢饱硬之体，何能有星面、穴面之动气乎？故蝉翼、牛角、肌理刷开之分，更宜亟讲也。然则穴中有石无石又何以别之？曰：亦在蝉翼、牛角、肌理刷开之分而已。有此分者，刚硬之煞盪开两边，中间自有矬平，硬中裹软，必然无石，纵有石亦如八字分开，其石必嫩，不谓之煞，石纹分开之中，必有土穴；无此分者，刚硬之石裹于中间，必无矬平而饱硬，即无石而纯土，亦不可扦。[⑥] 带石之山，其石一直生下，或从旁插入，阴煞极重。惟石八字分开，而有真矬真平者，穴有浮石亦无碍。

---

① 弦稜者，砂身上隐隐有一线高起弯抱向里也。

② 牝牡砂从毬簷分来，在乳突阴穴为蝉翼，在窝钳阳穴为牛角，皆所以包裹穴身，使界水不割。

③ 淋头必然割脚，故穴后穴旁无牝牡砂均为割脚。

④ 蝉翼牛角不可无肌理之分。

⑤ 音矿，金井也。

⑥ 多有石山土穴，葬后祸不旋踵，总由无矬平分合，浑身是煞故也。

谓之分尽之分者，以分开金面之下，仍有分水之脊出脉者，未可言分尽也，[1] 必至毬簷之显分而见蝉翼、虾须，隐分而见肌理刷开，[2] 中间不复有脊脉之起，面前惟见有圆唇之收，[3] 方为分尽。分尽之处，即是结穴之处。谓之分金之面者，以穴后毬簷，显者如覆锅，隐者如泥中鳖，穴前对望，俨如金字之面，俗谓之金屋，杨公谓之乘金，其劈中处是分金之中也。[4] 分金之中，即是点穴之中。未分尽而急扦之曰斗，[5] 已分尽而缓扦之曰脱，[6] 不于分金之中而旁扦之曰偏。[7] 盖出脉如菜薹之抽于心，结穴如花心之接于蒂。故曰：点穴之诀，在贯乎一脉之来，而处于至中之地。岂非言分尽之处，系分金之中，即是穴之意耶？[8] 其明肩、护带、蝉翼、牛角、肌理，不自内分开，而反自外插入，即不插入，而直生无抱向之情者，均谓之敛，[9] 或有大八字而无隐八字，或有隐蝉翼而无明肩，或边有边无，参差不齐者，亦谓之敛。盖当分不分即是敛也。敛则生气不行，与分相反。分者阳气舒发，生长之象；敛者阴气收藏，肃杀之象。故自穴后毬簷溯至分龙太祖，俱喜分而忌敛。但山之全无分者亦少，似分而非真分者最多。显然分开敛入者易见，隐然分开敛入者难明。或大分小分，似乎俱备，而地反假；或显分隐分，似乎有缺，而穴反真。诸般疑似不决者，惟观其脉路穴情，如仰鹅毛之甋，宽牵线之软，两边护砂[10]如侧手臂之向者必真；脉路穴情如覆鹅毛之饱，或如急牵线之硬，两边护砂如侧手臂之背，或如手臂之覆，与仰面不向而背者，俱假。[11] 以此法互证之，而真假疑似，不难尽剖矣。

---

① 金面下无矬平而有脊，脉犹行而未止。
② 虾须指毬簷外分水言。毬簷显分，自有蝉翼可见。若嫩乳、嫩突之隐分，惟有肌理刷开。
③ 穴晕前有微矬之小明堂，方见圆唇两角收上而托起。
④ 即穴之中心。
⑤ 是纯阴扦穴，斗煞即伤脉。
⑥ 是纯阳扦穴，脱脉即无气。
⑦ 偏则失脉。
⑧ 以上论分，以下论敛。
⑨ 要本身枝脚宕开，如人肘开作揖为佳。
⑩ 左右龙虎、贴穴牝牡砂俱是。
⑪ 覆则不分，背面仰而不向，虽仰何益。

明肩護帶蟬翼肌理刷開之圖

明肩

大八字之捺

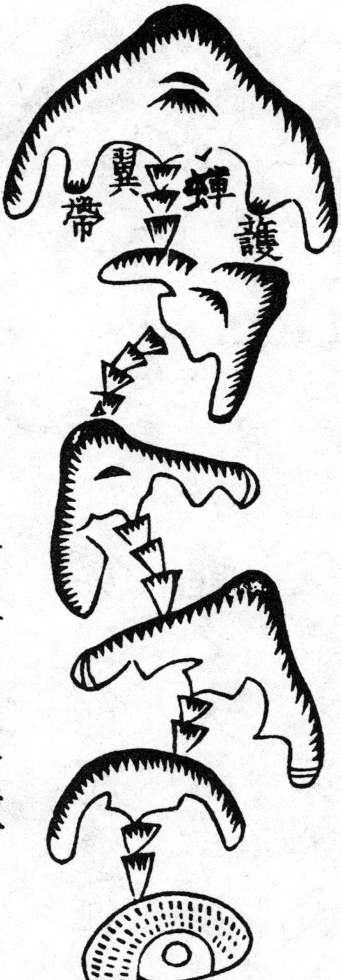

明肩

大八字之撇

右圖上五節開脚星辰下一節正體星辰

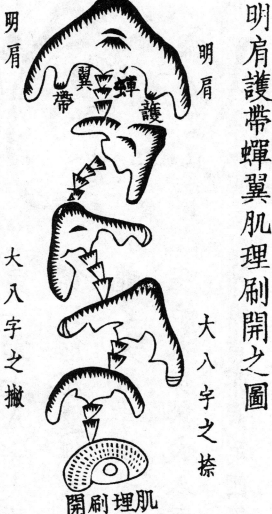

群龍並出圖

第一節大八字大故地大第二節左邊無大八字左龍之大八字反背地假第三節本身無大八字左右砂俱背亦假第四節大八字小故地小

僞龍之圖

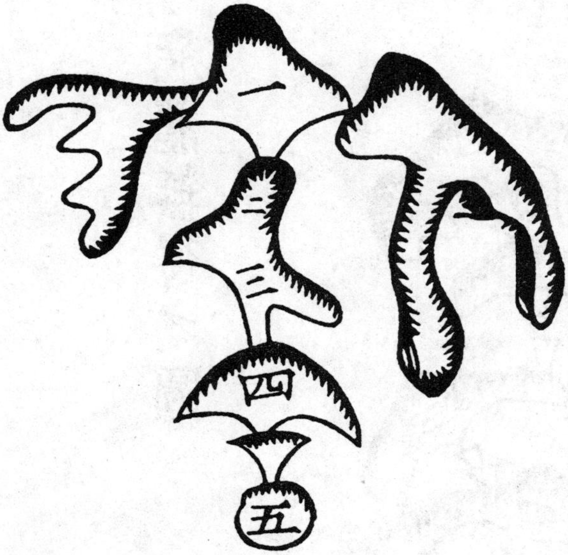

第一節雖分入字出脉闊大貫頂二節無大八字三節大入字参差四節無蟬翼三股如雞脚五節囫圇無稜角俱假

病龍無得之圖

上右图第一节护带敛入，先分开而外背内面无妨。三节、六节界水透顶，在蝉翼外无妨。四节左边无蝉翼，犯边有边无之病，如在穴山多不成地，今在后龙，旁砂如花瓣相向，脉路如宽牵线，前后龙俱开面，无妨。五节脉路阔大，似贯顶，但有肌理刷开，逼开界水，不致扣脉，非无分中有分，则必有小矬小平而不硬直，亦无妨。七节左边无蝉翼砂，本是大病，幸非穴山，前后龙俱开好面，本身脉如宽牵线，旁砂外背内面，故无妨。若半山无金鱼砂，界水扣肋割脉，得脉如宽牵线，左右砂外背内面者，亦无妨。八节正体星辰似饱，幸而两边棱角伶俐，中有肌理刷开之分，必有小矬小平之势，故虽似饱无妨。若八字囫囵无棱角，中间虽有肌理隐分，而无数次小矬小平，及无儿頣[①]之微冇[②]者，为分不尽，必无融结，况肌理直生敛入者乎！

凡分敛之病，共有十八。至凶而不能变吉者，有十焉。一曰无大八字；二曰大八字参差不齐；[③] 三曰大八字少一边；四曰大八字囫囵无棱角；[④] 五曰大八字之内既无蝉翼，又无肌理刷开；六曰界水夹脉透顶，[⑤] 七曰护带外面内背，或无背无面，自外插入；八曰蝉翼参差，金鱼砂不齐；九曰到穴无分金之面，或牝牡不全；十曰肌理直生敛入。

龙有病能变好面而结小地者三：一曰大八字一边反背；二曰大八字自分个字而成龙；三曰大八字反小而不罩其小八字。此三者，得下面博出星泡，[⑥] 有分金之面，脉路仰而不覆，穴情面而不饱，[⑦] 左右砂向而不背，[⑧] 出唇吐气，砂水聚集者，仍有小结，不可以祖山不美而弃之。

虽有病而不伤大体者五：一曰大八字一边倒棱；二曰本山出脉处被护龙之砂自外插入；三曰内层之护带蝉翼当小，外层之护带明肩当大，今相

---

① 音兮。
② 音毛，无米之谷也。
③ 一边先分，一边后分。
④ 囫囵即无背面，无背面即无棱角。
⑤ 顶前出脉硬覆。
⑥ 穴山成星体吉形，半山有递脉节泡。
⑦ 临穴毬簷与牝牡砂均有隐分之面。
⑧ 指龙虎砂而言。

同如棕榈叶；四曰后龙山顶蝉翼、肌理之分边有边无，[①] 半边界水夹脉透头；五曰半山无金鱼砂，或边有边无。此五者得后龙节节开面，脉路段段矬平，旁砂面面相向，毬簷唇口分明，局势环聚者，虽有一节之疵，不减真龙之力。又大龙将尽，节节分枝，枝枝成地之处，其分龙处之大八字护带一边背我者，不可以起祖发足之山谷论，[②] 因其背我而弃之。[③] 只要出脉处[④]有小开面，有矬有平，前途能博出数节开面星辰，本山枝脚不顾人者，亦成中下之地。[⑤]

或曰：从来只有分合二字，今分字下添入敛字，合字下添入割字，何也？曰：向背、仰覆、聚散六字，一好一歹，[⑥] 俱有相反者为对，独分合二字俱在好边。求其与分相反之字，合字是也；求其与合相反之字，分字是也。然穴后宜分不宜合，穴前宜合不宜分，[⑦] 故以敛字易合，为分字之反，谓穴后只宜分开，不宜敛入；以割字易分为合字之反，谓穴前只宜合脚，不宜割脚也。[⑧]

或曰：敛字与合字义似相同，而云忌敛者何欤？曰：合字穴前始用之。自穴后毬簷溯至分龙太祖，一见敛入，生气不来。况合者先自内分开，外背内面而环抱其内也；敛者竟自外插入，内背外面或无背无面而插入也，是以有别。[⑨]

或曰：但闻穴有蝉翼，未闻祖山山顶亦有蝉翼。曰：重德彰云："出身处有蝉翼护带，前去必成大地。"说见《四神秘诀》。出身者，太祖分龙处也。则蝉翼岂止穴旁有哉。[⑩] 或曰：肌理刷开，未尝闻之。曰："横看壁

---

① 一边有则生气从有之一边落下，故无妨。

② 此分龙是大龙行度处分来，与起祖发足之分龙有别。盖枝枝成地之处，分大龙一二节即入穴，分龙便作太祖，故亦曰分龙。详见于第三卷。

③ 脱化多者，砂水不能处处拱顾，果龙真穴的，间或有背无妨。

④ 分龙出脉处。

⑤ 以上论病龙弃取。

⑥ 音堆。

⑦ 分则气来，合则气止。山洋龙法、穴法，二句包括殆尽。此不但指穴后、穴前之乾流水痕言。

⑧ 合脚者，金鱼水从毬簷后分来，合于唇下，又有两砂兜抱其唇也。割脚详下合割篇。

⑨ 上二节概论分敛。

⑩ 此节论出身处蝉翼。

面，直指斜肤，彷佛有无，是为得之。”此古人语也，非肌理刷开之谓乎？

或曰：显八字之内固不可无隐八字，但隐八字如蝉翼者可见，如肌理刷开者，非法眼难明。或草木蓁芜，或种植开损，虽法眼亦难明。且山水之个字，三股者居多，岂尽如鸡爪假个字乎？曰：但观山顶上截，有一段平面，无阴脊透顶，有矬有平，落下一段方出脉，如宽牵线、仰鹅毛者，定有隐八字，便是正脉。若阴脊透顶，不先作一矬之势，而出脉如急牵线，或如覆鹅毛者，定无隐八字，即有亦是砂体。盖真个字必平而无脊，上半截有肌理隐分，不遽然分开三股，故有平面。[①] 假个字必浑而有脊，上半截无肌理隐分，[②] 即截然分开三股，故无平面也。[③]

或曰：同在此山，何谓自外插入，即插入便何妨？曰：如人之眉目自印堂分开，法令纹从鼻旁分出，为自内分开，方成人相。若眉目自太阳生来，法令纹从两颧音权生进，为自外插入，便不象人形。又如花果之细枝，数片嫩叶，一朵花瓣，从本枝本蒂分出，为自内分开，方成花果。若本枝无叶无瓣，或有而不全，被旁枝之叶瓣挨入本枝，为自外插入，便不成花果。故大小八字要在本身之顶与肩先作分开之势，然后环向其身者，为自内分开，方能成地。若本身不先作分开之势，被隔股别枝之砂从旁插将进来，为自外插入，断不成地。盖自内分开而环向本山者，定是外背内面，自外插入而唐突本山者，定是内背外面，或无背无面。若本身已有大小八字自内分开，而隔股之砂自外插入，则不忌，但面来向我者佳。[④]

或曰：龙格中惟梧桐枝两边均匀，蒹葭、杞梓、杨柳等枝，非参差不齐，则边有边无，其福力虽不及梧桐枝，未尝为假。今以参差不齐、边有边无为假，得无背先哲之论乎？曰：彼所论者，行度处之枝脚桡棹；予所论者，开面处之大小八字。杨柳、蒹葭边无参差而不妨者，以分龙、入首，开面成星，有明肩、蝉翼之齐分者在。设此处边无参差，虽梧桐枝亦假，乌能成地。[⑤]

---

① 山顶上半截有平面方为开面之真。

② 浑者刚饱之谓，山顶上半截有脊而刚饱者，即是贯顶出脉。

③ 此节论个字真伪。

④ 此节论穴山大小八字之敛。

⑤ 此节论分龙入首必须明肩蝉翼。

或曰：分敛之法，可辨地之真假，亦可辨地之大小乎？曰：但观其始分再抽之际，大八字大护带多者，前去必成大地；大八字小护带少者，前去必成小地。[①]

或曰：十六字中，首列分字者何欤？曰：分字即开面之开字，未有不分而能开面者也，故分字为首重云。

或曰：子言无分金不出脉，岂水木火土无脉乎？曰：五星之体不同，而分金之面则一，[②] 如曲些是水之分金，长些是木之分金，尖些方些是火土之分金：五星皆有分金之面，然后出脉也。[③]

或曰：子言分金之中，是点穴之中，金星吊角穴闪薄边者，岂亦在分金之中乎？曰：金星吊角者，因当中不出脉，闪归个字之丿乀边出脉，而隐然分金之面在于角上也。[④] 穴闪薄边者，因当中厚而死，分金之面闪归薄边，如人侧面一般，虽非折量之中，未尝不在分金之中，故宜就其金面中立穴也。[⑤]

或曰：何谓化生脑？曰：山头如人之顶，化生脑如人之额。[⑥] 谓之化生者，以山之起顶乃是阴体，欲落脉必先作隐隐分开之势，将硬气荡开两边，则隐分之叉下必有一呼之微冇，如小儿囟门之上截，[⑦] 此阴化而为阳也。从此化阳之前，生起小脑，是为化生脑，此阳化而为阴也，[⑧] 阴阳变化，呼吸浮沉之机，已朕兆于此，[⑨] 故其脑上必有分开之金面，分下有一呼之微冇，冇前有一吸之微起，[⑩] 而此下之节泡毬簷，亦莫不从此化阳之前生起，故脉动而气生。若不从化阳之前生起，则生机已绝，无阴阳变化，即无呼吸浮沉之动脉，何能有气？[⑪] 故顶前无此脑推出，而穴中直见

---

① 此论护带。

② 星体虽不同，而落脉必成金面，故曰分金。盖言分出如金字之形为面也，非谓五行之金。

③ 此论星面。

④ 金星吊角，大金面之旁另开小金面，扦穴小金面之中，即是分金之中。

⑤ 此节论闪脉。

⑥ 山顶前之微突连于山顶者是也。

⑦ 如儿囟上截者，喻其冇之极微。

⑧ 顶前落脉微冇，冇前微起，有此阴阳变化，脉方不死。

⑨ 吸则气升而浮，呼则气降而沉。

⑩ 微起便是小脑。

⑪ 冇前生突则气生，不从冇前生突则气死。

其顶者，固不成地；即有此脑而不从化阳之前生出，则阴煞未化，亦不成地。[①]

或曰：篇中引喻人物草木，于地理何关？曰：以其分合向背之性情与地理同。地之生气不可见，故以分合向背推之。地之分合向背，亦如人物草木之分合向背也。然非登览涉历，细心理会，难按而知。今试以人面喻之：百会，山顶也；额，化生脑也；耳与颧骨，大八字也；眉目，小八字也；面上肌肤细纹，肌理刷开也；法令纹，虾须水也；印堂平，脉不贯顶也；山根软，玄武垂头也；鼻准丰隆，天心壅突也；准头截断，球前一矬而脉止也；人中，葬口也；下颔，圆唇也；法令，颊骨之兜收下合也。再以花木喻之：放甲，祖山之分也；未抽条先布叶，如有个字方出脉也；欲作干先分枝，如有桡棹方成龙也；大叶之内旋生小叶，如大八字内有小八字、隐八字也；花蒂，到头束气也；花开，开窝结穴也；结果，聚气突穴也；花瓣之放开，上分也；花瓣之抱向，下合也。眉目法令、甲叶蒂瓣俱自内分开，外背内面，非自外插入，俱双双对分，非如不对节草边无参差，山之明肩、蝉翼、金鱼砂俱当似之，反此则假。夫人物草木之与地理，同气而异形，万殊而一致，散之虽分彼此，要之可以相通。故昆虫物类，皆得以取形定穴，亦以形虽变，而分合向背之性情则一也。

仰覆[②]

何谓仰覆？曰：如仰鹅毛、宽牵线为仰；如覆鹅毛、急牵线为覆。[③]仰鹅毛、[④]宽牵线，皆软脉之形也。出脉如之，自然有扑前之势，有顾下之情，即是垂头。[⑤]急牵线、覆鹅毛，皆硬脉之形也。出脉如之，自然有退后之势，无顾下之情，即是不垂头。[⑥]头之垂不垂，在矬平之有无真假

---

① 有脑而无冇，即是浊阴。此节论化生脑。

② 此篇专论垂头出脉，以证开面之有无。

③ 仰鹅毛与宽牵线，宽软无异。覆鹅毛是饱肚，急牵线是直硬，二者不同。山仰是开阳献面，阳主生；山覆是纯阴裹煞，无生炁也。

④ 俗呼鹅毛氄。

⑤ 白成章云："垂头开面精神所注，顾左则穴居左，顾右则穴居右，顾中则穴居中"。

⑥ 大抵头俯则腰软，自然开面；头仰则胸突，意向前奔。

定之。矬平之有无真假，又在分之有无真假定之。真分者，显分成个字之形，荡开外层之硬气；隐分成分金之面，荡开内层之硬气。硬气荡开于两旁，脉必脱卸而软泛，故隐八字之叉下小矬一矬，而有数尺之峻，峻前小𣮧一𣮧，而有数尺之平。① 其平尽处，近下看之，必是些突泡。② 其泡亦必有隐八字之分，有小矬小平递下，凡有微泡，③ 皆分隐八字，而隐八字之叉口，必有微冇，④ 如小儿囟门之上截，脉从此微冇中递下者，即是脱卸而软。软之甚者，以二三小矬小平作一大矬大平之势，下面又有总还𣮧之大平。⑤ 大平尽处，下面望之，必是一大泡，其泡又复有分，有矬有平，递递而下。脱卸不甚软者，止有数次小矬小平，或间中矬中平，至毬簷下方，有总还𣮧之大平。⑥ 然山体不一，有三停俱大矬大平，或中矬中平者；有中截只小矬小平，上下截有大矬大平，或中矬中平者；有矬短而平长者；有矬长而平短者；有极矬极平者；有略矬略平者；有矬不甚峻而平极平者；有矬极峻而平不甚平者；有矬极长而平在依稀之间，远望如宽牵线，有顾下之情者；有矬极短而平在依稀之间，远望如急牵线，无顾下之情者；有大小疎密长短不等，杂然迭出者。虽如此变化不定，聊取其中四者论之以概其变，曰：大矬大平、小矬小平、极矬极平、略矬略平而已。⑦

大矬大平者，形如长宽牵线；极矬极平者，形如极宽线。其垂头之情，不拘远者近者，横看对看，明眼庸眼，皆可得见。后龙数十节如此者，必是特达之龙；穴山三停如此者，必是显明之穴，然不可多得也。后龙数十节之内有四五节如此者，亦是特达之龙；穴山三停之内，有一二停如此者，亦是显明之穴。略矬略平者，形如略宽牵线，其垂头之情，近看方见，而远看未必见；横看方见，而对看未必见；明眼方见，而庸眼未必见。后龙杂三五节于极矬极平之中，亦是特达之龙。若太祖分龙、少祖、

---

① 此论山顶开面出脉。

② 此突泡在山顶之前，即是化生脑。

③ 概指递脉突泡而言。

④ 微泡有冇，方见八字隐分递脉。

⑤ 大矬大平之下，又有大平之总还𣮧，方见脱卸之极软，但下面又复有分，此处尚非穴场。

⑥ 脱卸不甚软，故递脉无还𣮧之大平，直至毬簷下圆唇托起，方是总还𣮧。

⑦ 以上概论垂头出脉，以下逐类分疏。

父母山，三停落脉皆如此，龙虽不假，决不发扬，降势不尊故也。[①] 穴山三停之内，[②] 杂一二停于极矬极平之中，亦是显明之穴。若三停落脉，纯然如此，须观顶前之化生脑，半山递脉之突泡，穴后之毬簷，不塌头而有金泡之起，不裹煞而有金面之开，脉必从隐八字之叉口而出，而隐八字之叉口，个对一个，贯串而下者为真。若塌头而金泡不起，裹煞而金面不开，脉不从隐八字之叉口而出，而隐八字之叉口个不对个，左右散乱而下者为假。[③] 力量只随后龙，不以到穴之略宽牵线限之。

小矬小平者，形如短宽牵线，又如小儿囟门之上截，矬平之势短而隐，远看必不见，两边隐八字不矬而遮其中心之矬处，横看亦不见。远看不见其小矬小平之势，则必类不矬不平之体；横看不见其囟门之有，则必类急牵线之形。惟杂数个大矬大平之长宽牵线，极矬极平之极宽牵线者，即远望亦有垂头之势可见。若其小矬小平连有数次，或十余次，而十余丈间无稍大之矬平者，其垂头之情，必非远观能见也。盖有矬平之宽牵线，与大矬大平之长宽牵线，远观而见者，固是垂头。即小矬小平如短宽牵线，近观得见者，亦是垂头。惟不矬不平如急牵线者，方是不垂头。然垂头不出于个字分金之面，虽大矬大平如长宽牵线，亦是假垂头；出于个字分金之面，虽小矬小平如短宽牵线，即是真垂头，不可因远观不见，而弃小矬小平之真垂头也。[④] 但小矬小平之类急牵线，与真急牵线相去不远，不可不辨。如背驼而陡，面宽而平，必金面有拜前之势，[⑤] 左右有内顾之情，顶上明肩，中停暗翼，齐齐分开，不边无参差，不自外插入，性情不侧面顾人，界水不透顶扣肋，[⑥] 有稜有角，不破不欹，而端正开面，[⑦] 自正面观之，顶间有隐隐八字，如糊箒之刷开，隐八字中又有小矬小平，如小

---

① 分龙少祖、父母山、出脉处，俱宜极矬极平，或大矬大平，以见峰峦耸拔，降势尊严，龙身长短、贵贱亦于此辨。若三者出脉俱略矬略平，即是低小牵连，力量微薄。

② 太祖分龙、少祖、父母山，是龙身之三停；顶前化生脑、半山金鱼砂、临穴毬簷，是穴山之三停。

③ 穴山三停落脉，若俱无大矬大平，以个字之贯串、散乱，辨脉路、穴情真假，自无遁形。

④ 勿因大矬大平之宽牵线，遂忽略不辨真假，故以有无个字分金之面别之。

⑤ 拜前即是扑前。

⑥ 山顶落脉如鸡爪，水必透顶，半山无金鱼砂，水必扣肋。此论山顶而兼及半山递脉分砂。

⑦ 承上言，界水不透顶、扣肋，则山顶与明肩自然不破不欹，而开好面也。

儿囟门之上截，矬平之间，有短宽牵线之势，矬平之尽，有微突抬起之形，[1] 而微突又开金面，分隐八字，一矬一平，如儿囟微冇，[2] 如短宽线递下，凡有微突，[3] 俱有隐八字之叉口，个顶一个，贯串而下，不左右散乱，脉贯隐八字之叉口，随其微起微矬之势而下，便是生气之动。反此则假。然非明察秋毫，不能辨此。凡出脉处[4]辨龙辨砂，到穴处[5]辨生辨死，全在此二三小矬小平别之。杂数个小矬小平于大矬大平之内与上下者，龙力极旺。惟祖宗顶上落脉处，不宜单见小矬小平之多，而远望类急牵线。行度小星，单见无妨。在穴山，有上截[6]单见此，而下截[7]方有显明之矬平者；有中截指[8]单见此，而上下截有显明之矬平者；有临穴单见此，而上截有显明之矬平者；有三停均是小矬小平，并无显明之矬平者：俱以上法辨之。力量只随后龙，不以此限。盖后龙非大矬大平，龙势不旺，故不喜小矬小平之单行；穴山得小矬小平，生气亦动，故不必大矬大平之兼至。[9] 不然，惟坐体星辰与宽坦之山，[10] 方得兼收。而峻急之山，如尖火壁立、直木插天、突金拱起、飞蛾贴壁、挂钟覆釜等形，[11] 皆在所弃矣。[12]

若无分假分者，或明肩不全；[13] 或蝉翼有缺；或外砂敛入；或八字背身，硬煞包裹于中间，矬平不见于顶下；或有一矬之峻而假，矬无顾下之情；或有一段之平，而平尽无抬头之突；[14] 或虽有突，而金面不开；或虽有面，而隐八字无有；或虽有而叉不对叉，终如急牵线、覆鹅毛，[15] 身无

---

① 此言山顶开面出脉，但有小矬小平。

② 顶前微突开面，方有隐分微冇。

③ 落脉小矬小平，故半山递脉只有微突。

④ 分龙、少祖、父母山出脉之处俱是。

⑤ 穴山毬簷后俱是。

⑥ 指顶前化生脑。

⑦ 指毬簷。

⑧ 金鱼砂。

⑨ 穴山有呼吸浮沉之动气，故不必兼有大矬大平，若有小矬小平，复有大矬大平者，更徵龙脉之旺。

⑩ 宽坦即卧体星辰。

⑪ 此皆立体粗蠢星辰，若开面落脉，内有小矬小平，亦能结地。

⑫ 此节论分龙、少祖、父母山与穴山毬簷、起顶、落脉但有小矬小平之类急牵线。

⑬ 即边凸边凹。

⑭ 此论顶前出脉饱硬。

⑮ 因化生脑无真分之面，故递脉无生动之机。

拜前之势，[①] 顶有塌后之形，[②] 谓之不垂头。在太祖分龙，为根本先凋，前去必不成龙，所去必短而不长。在行度星辰，为节龙带煞，后代行至此节，必有凶败之应。[③] 得前后龙皆开面，不伤大体。如在少祖、父母山，为胎息不成，[④] 在穴山顶上为塌头，在半山为突胸饱肚，在毬簷穴前为塌头削脚，[⑤] 有一犯此，即不成地也。[⑥]

或曰：山之不可不垂头，何也？曰：分八字之形，是开阳献面。拖中个之真，是束阴吐脉。隐八字之叉下，一矬而成囱门微冇，是阴中化阳，气之呼而沉也。冇前之脉路一平而起抬头微突，是阳前变阴，气之吸而浮也。此阴阳变化，呼吸沉浮之机，相递而下，在性情论曰垂头，在动静论曰动气。卜氏曰："山本静，势求动处"。蔡氏曰："休言是木是金，动中取穴"。杨公曰："察其生气动与不动"。动则生，不动则死。气不可不动，故头不可不垂。[⑦]

或曰：《葬经》但言玄武垂头，今祖宗、父母山皆欲垂头，无乃过求乎？曰：穴左数重皆为青龙，穴右数重皆为白虎，穴后来龙诸山，独不可皆为玄武乎！然则，胸腹之突泡，穴后之毬簷非头也，何以亦欲其垂？曰：山有泡为泡头，穴有突为突头。毬簷亦泡突也。突泡毬簷不垂头，到头焉得有生气。[⑧]

或曰：山忌突胸饱肚，则胸腹之间，似不可有突泡，而递脉下来，又不可无突泡，奈何？曰：顶下不矬而起突，突前不矬而落脉，上塌而下削，故为突胸饱肚。若突泡前后俱有矬有平，突泡愈多，愈有软泛活动之势，何得为突胸饱肚？[⑨]

或曰：穴忌削脚，则山成立体，穴下峻者，皆非地欤？曰：所谓垂头

---

① 即不顾下。

② 即不抬头。

③ 旧有后龙一节管一代之说。

④ 胎息即子孙，盖自太祖分龙而来，行度处高大星体为远祖远宗，近穴山数节有特起星辰为少祖，穴山玄武后一节为父母。则少祖、父母山皆远祖远宗之子孙也。不成者，无发生之意。

⑤ 穴后不垂头为塌头，穴前不抬起为削脚。

⑥ 此节论真急牵线。

⑦ 此节论垂头出脉。

⑧ 此节论来龙及半山突泡、穴后毬簷之垂头。

⑨ 此节论半山突泡。

者，不必定如仰鹅毛之平眠斜戤[①]也，如仰鹅毛之竖戤亦是。故削脚不削脚，不在山之峻与平，只在形之覆与仰。至峻之下略还㲘，便是垂头；至平之后无一矬，即为削脚。[②] 故曰垂头不削脚，削脚不垂头。第所谓还㲘者，不必定有高起一段，亦不必定如平地，只如仰鹅毛之直戤，比上山壁峻处较平些，而有抬起之势，便是还㲘。[③] 若塌头贯顶，虽下面有平，亦非还㲘。但真地之圆唇平仰如台盘者，十有七八；半峻半平如斜戤仰鹅毛者，十之二三；峻仰如直戤仰鹅毛者，百中一二；削下而无还㲘之势者，断然无地。[④]

或曰：宽牵线之脉，不出于个字分金之中，已知其为砂体，宜不结地，亦有出于个字分金之中而不结地者，何也？曰：此大龙方行处之枝脚桡棹也。大龙之枝脚必长，若无个字分金之面与宽牵线之势，则不能远行，以作正龙之护。故个字分金之面，宽牵线之势亦间或有之，不能节节俱有用也。及观其大势，必侧面而顾人。[⑤] 察其到头，必覆体而不变。[⑥] 故虽间有个字分金之面，与宽牵线之势，亦不能结地。夫覆体不变易知，侧面顾人难察。欲知其顾人不顾人之性情，须登高远望，四面观之，方可了然于胸。[⑦] 若只在穴场一看，未尝不被其朦胧也。[⑧]

或曰：每见穴山有百十丈急牵线之脉，而又能结地者，何也？曰：此八股脉中之梗脉也，[⑨] 只忌透顶如急牵线，故透顶出脉者为贯顶，不谓之梗。若山顶分开金面，有一矬之峻，一㲘之平，平尽有抬头之突，又分两片蝉翼于旁，直下数丈，远望似梗，[⑩] 故曰梗脉。然上面须有隐隐八字，隐隐矬平，脉方不死，故不谓之急牵线。第到头还须起微突之毬簷，开分金之穴面，球后球前，俱要有矬平。不然，则到头无动气，虽不贯顶出

---

① 戤，音 gài，依、靠也。

② 后无矬则前不还翘。

③ 鹅毛直戤上垂下翘。

④ 此节论唇。

⑤ 枝叶散乱，操纵由人。

⑥ 不分金面，纯阴无阳。

⑦ 《内照经》有近视、远视、前观、后观之说，山洋龙穴看法皆当如此。

⑧ 此节论缠护枝脚。

⑨ 乳、珠、气、皮、节、泡、梗、块为八股穴脉，见二卷《峦面》篇。

⑩ 如木之梗。

脉，亦不成地，[①] 盖球后无平，何以见其球之起？球前无矬，何以见其檐之滴？檐前无平，何以见其气之吐？毬簷无分金之面，何以见其葬口之开？不但梗脉当如是，凡穴皆当如是也。[②]

或曰：山高而矬，必有一段之峻。山高而矬长者，其峻亦长，势必如急牵线，奈何？曰：所谓宽牵线者，合峻下还歊之平观之也。峻下无还歊之平，方为急牵线；有还歊之平，则此长矬之峻，正为还歊张本，何得以急牵线目之？然亦要几个隐隐八字、隐隐矬平在此长矬之内，非真如急牵线者方佳。[③]

或曰：平冈龙何以见其垂头？[④] 曰：高山以起伏为势，而佐之以收放、曲折，故垂头之处多。平冈以收放、曲折为势，而佐之以起伏，故垂头之处少。然不垂头，虽有收放、曲折无益。故平冈龙于起顶分个字之处，得一矬之峻，便作垂头之势。如人仰卧而抬头顾胸，方能成龙。不一矬而挺然平去者，必是砂体。但高山是坐体星辰，矬常长而平常短，胸腹显有突泡之递生，故垂头之形，对面远观即见；平冈是卧体星辰，矬常短而平常长，胸腹微有突泡之递生，故垂头之情，近看方见。至结穴处，其顶上开面垂头之下，亦须再有突泡，[⑤] 分开金面，方能吐气结穴。[⑥]

或曰：横冈落脉，[⑦] 与肩臂落脉者，[⑧] 何以见其垂头？曰：横冈肩臂，虽不起顶，而贴平冈之前与肩臂上有化生脑并蝉翼肌理之分，有矬有平，出脉如宽牵线者，便是垂头，不必定须有顶。[⑨]

或曰：假如一山分作数条并下，俱开面成宽牵线之势，如何分主从？曰：只观顶下[⑩]与球后之一矬，比他条之矬更甚，矬前之一平比他条之平更长。矬前有八字水痕，平前有抬头涌突，突前有分金之面，身不顾人，

---

① 梗脉虽能结地，仍以到头有动气者方为真结。
② 此节论梗脉结穴。
③ 此节论高山落脉。
④ 平冈龙平坦而不甚高峻，少见起伏。
⑤ 此突泡即穴后毬簷。
⑥ 此节论平冈垂头。
⑦ 横龙腰落，与大龙行度处开平面落脉者是。
⑧ 从大八字丿乀边落脉者是，见前卷偏面篇。
⑨ 此节论横龙与大八字丿乀边落脉。
⑩ 即山顶前。

唇圆堂聚者是真穴，两条相等是并结，反此是砂。盖真龙必翔舞自如，旁砂必侧体他顾也。夫山之喜其矬者，欲其有垂头之势，为下面还翫之张本也。喜其还翫者，欲其抬头之突，为下面垂头之张本也。① 矬前有八字水痕者，乃上下个字相接之处，必有八字摺痕，收束其气，使脉路有收有放，而不直硬其颈也。② 平前有抬头涌突者，因上面有矬有平有分水，下面与在旁观之，自成涌突，不必比平处更高一段，方为涌突也。故凡结穴之山，③ 坦而不峻者，顶下与球后必大矬一矬，大平一平。④ 此处虽似可立穴，⑤ 但有微分八字水痕，知其脉尚行而未止。⑥ 极峻之山，顶下与球后，亦必大矬一矬，略平一平，⑦ 下面方能结穴。故不但穴中穴前要平，穴后亦宜有平。⑧ 顶下之泡，俱宜有小平也。⑨ 顶下之泡无平者，所降非真脉。毬簷之后无平者，穴中虽平亦非。⑩ 但不先矬一矬，虽有平无益，⑪ 故矬平二字，不可相离。⑫ 更要矬处有扑前之势，平处有还翫之形，上不塌而下不削，在个字分金之面中，隐八字之叉下者，方是球。球后有平要冇，⑬ 虽短无妨。球前之平虽长，不矬而铺还假。⑭ 误葬球后之平者，其平长大，祸稍迟；短小者，祸至速。破球者气必散。⑮ 球前矬处，卸下而未停。⑯ 檐

---

① 上有垂头之势，下面自然还翘，垂头正为还翘地步。如山顶垂头出脉，半山突泡、临穴毬簷唇毡兜起，皆是下面之还翘，而本于上面之垂头也。还翘即是起突，上面起突，下面自见垂头，起突正为垂头地步。如山顶前化生脑突起，可见化生脑之垂头。半山节泡突起，可见半山节泡之垂头是也。

② 颈即气脉束细处。

③ 下论穴山坦峻二体。

④ 山势坦而不峻，顶下与球后故均有大矬大平。

⑤ 指顶下球后言。

⑥ 凡结穴处，必有薄口如掌心，龙脉方住。若有微分水痕，气脉尚行。

⑦ 大矬者，峻处不可扳援；略平者，平处可以眠坐。山峻，故顶下球后矬长而平短。

⑧ 穴中，立穴之处。穴前指唇毡。穴后，毬簷之后也。

⑨ 顶下之泡即化生脑，脑后略平，方见脑之突起。

⑩ 山顶前无平即无化生脑，故降脉不真，毬簷后无平，穴不起顶，即无金鱼水之分，故下面虽平非穴。

⑪ 不先矬而平者，即是纯阳。

⑫ 矬为阴而平为阳，阴阳相见，方是有生气。

⑬ 有冇则见其矬。

⑭ 球前平处略矬，方见有檐。不矬而铺，则无檐而球假。

⑮ 临穴之球，真气所聚，破则气散。

⑯ 脉犹未止。

前平处，仰承而气聚，① 凑卸下未停处插穴，② 不但减福，恐伤其龙，③ 故点穴必在檐前平处。④

或曰：本山已经垂头，其肩臂直抱可乎？曰：玄武欲其垂头者，取其势之扑来，情之顾下。其两肩两臂，亦须有扑里之势，显出内顾之真情。肩臂之外，均须有驼出之形，显出扑里之真背，则本山之垂头方真。否则，虽落脉如宽牵线，亦无益也。⑤

或曰：每见中脉只有小矬小平，龙虎反大矬大平，岂正穴在龙虎乎？曰：此当观其个字分金之出脉顾人不顾人之性情，如出于个字分金之中直，自主而不顾人，人来朝我者，虽小矬小平，亦是正脉。出于个字分金之丿乀，侧面顾人，人不朝我者，虽大矬大平，亦是旁砂。然则龙虎何须大矬大平乎？曰：杨公云："若是面时宽且平，若是背时多陡岸"。宽者即宽牵线也，平者即有矬有平也。陡岸者，即无矬无平而如覆鹅毛也。故山面不惟中脉有矬平，即龙虎亦有矬有平，而山背则不然。且龙虎之有矬平，正以显穴山宽平之正面耳。但龙虎有个字分金之面，自主而不顾人，仍有矬有平者，亦能结地。⑥

或曰：仰者为阳，覆者为阴，有阳不可无阴，则有仰不可无覆。今喜仰恶覆，何也？曰：凡山形俱上小下大，中凸旁低，其体原覆。脉路又覆，则孤阴不生。阴覆之山，得阳仰之脉，生气方动。喜仰者正于覆中取仰，忌覆者，不忌山体之覆，忌脉路之覆也。⑦ 然则，古人何不及之？曰：廖公云"饱是浑如覆箕样，丑恶那堪相"。是喜仰之意在言外。杨公曰"仰掌葬在掌心里"；又云"也曾有穴如侧掌，却与仰掌无二样"。虽不言及覆掌，而忌覆之意在言外。

或曰：金刚肚、虾蟆背、鸭公头，非忌覆之谓乎？曰："好格面平方合样"，"高山顶上平如掌"，"横观落脉宽牵线"，非喜仰之谓乎。然则

---

① 檐前平处即是穴晕，勿误认晕前薄口为平处。盖薄口是小明堂也。
② 即是凑檐而扦。
③ 伤龙则斗煞。
④ 此节分别穴山落脉真伪，并论坦峻山脉路穴情。
⑤ 此节论穴山肩臂。
⑥ 此节论龙虎矬平。
⑦ 此但指阴覆之山而言，若山体坦平，反宜阴脉。总之，阴阳变化方有动气。

“形如覆釜，其巅可富”谓何？曰：此当与“形如覆舟，女病男囚”并论。覆釜就星体言，覆舟就气脉言。星体不忌覆，气脉忌覆，故一好一恶如此。然覆釜之山，后无宽牵线之脉，巅无平仰之盘，何能结地？覆舟之山，分开金面，有矬有平，出唇吐气，奚至为凶。[①]

或曰：仰覆二字，于地理果何关切？曰：葬覆鹅毛之山，必主败绝；有不败绝者，必别有吉地，然凶祸亦断不免；葬仰鹅毛之山，必主兴旺，间有兴败者，必祖山[②]偶有一节覆鹅毛，不能节节如仰鹅毛也。若自分龙以至穴山，自山顶[③]以至穴唇，无一节一段不如仰鹅毛，自然发福。[④]

或曰：前言辨真假以分敛、仰覆、向背、合割八字，今止就仰覆二字断地之真假，则彼六字可不用乎？曰：无矬无平，如急牵线、覆鹅毛者，非无个字，必假个字；非一边反背，必无背无面；非半山无暗翼而割肋，必穴前少圆唇而割脚。若节节段段有矬有平如仰鹅毛者，必有个字分金之面，外背内面之砂，出唇吐气，合而不割。故因此可参彼六字，非谓可遗彼六字也。垂头之形正面难画，故画其侧面。然诸图亦仅绘其彷佛，在学者潜心理会耳。

---

① 总是阴宜见阳之意，此节论气脉。

② 分龙而来远祖远宗及少祖山皆是。

③ 穴山之顶。

④ 此论仰覆。

覆鶩毛

面　背

立仰鶩毛

面　背

眠仰鶩毛

面　背

短寬牽線

塌頭削脚

突胸飽肚

急牽線

略寬牽線

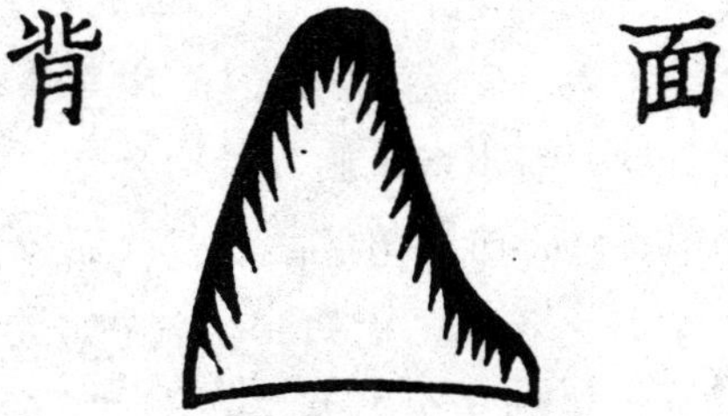

極寬牽線

向背[①]

何谓向背？蔡氏曰："向背者，言乎其性情也"。予谓无向背则不见性情，无稜角则不显背面。稜者，分开大八字有弦稜也；[②] 角者，明肩护带之稍如月角也。如手臂鹅毛之侧起，外背内面而相向，为有菱角；内背外面而相背，为无稜角；或如手臂鹅毛之覆，与仰而不向不背，亦为无稜角。外背内面而有稜角者，抱来固为向，豁开亦为向。如莲花半开时，固向其心；至谢时而花瓣垂下，亦未尝不向其心。内背外面，与无稜角背面者，豁开固为背，抱来亦为背。如邻菜之叶，与我菜心相远固是背我，即盖过我菜心之上，亦是背我。蔡氏曰："观形貌者得其伪，观性情者得其真"。原其向背之故，只在分之真假辨之。观花瓣菜叶，无一片不向其心，则可通其说矣。花瓣菜叶之必抱向其心者，以其从根蒂分出，自相护卫也。不然，则必有参杂之势，分立之形，何能片片外背内面而相向乎？是以知真分者护卫自己，故向而不背；假分者羽翼他人，故背而不向，或虽不羽翼他人，亦不护卫自己，而为闲散之砂，故无向无背也。夫花与菜之生气不可见，观花瓣菜叶之相向，而知其生气在于心。地之生气不可见，观大小八字之相向，而知其生气在于内。语云"下砂不转莫寻龙"，其即向字之谓乎？但上砂向易，下砂向难。得下砂向，则上砂不患不向，必有地矣。[③] 此一语，岂非寻地捷法乎？今人不识转字即是向字，背来驼我者误认为转，无背无面而生转抱来者，[④] 亦认为转，观形貌而不察性情，乌能得之。[⑤]

至于大龙方行而未止之处，只一重下砂真面向里，亦未足恃。杨公所谓"缠龙尚须观叠数，一重恐是叶交互。三重五重抱回来，方是真龙腰上

---

① 此篇论砂之向背，以证龙穴真假。

② 大八字之边弦有稜微起。

③ 下砂逆转，定有真结，其上砂自然相向。若上砂向而下砂不向者，非真穴也。

④ 砂脚向外，砂体曲转处似内抱也。

⑤ 以上论明肩护带兼及上下砂，总以分之真假别其向背。

做”也。[①] 他如朝托、侍卫，及水口砂星辰之向背，则与此稍异，亦以分大小八字，腰软而肚不饱，外背内面者为向；无大小八字，肚饱而腰不软，内背外面者为背。即非背所驼我，无正面之真情向内者，亦为背。此皆不关地之真假，但减龙之福力。[②]

若后龙星辰之大小八字不相向，或有一边向人者，为假龙。穴山之大小八字不相向，或有一边向人者，为假穴。后龙之大小八字相向，而两边送从缠护砂有一边不向者，虽是龙，必非正龙。两边之送从缠护皆向，而穴山之大小八字有一边不向者，虽有穴，必在他处。穴山大小八字、两边送从缠护皆向，而朝山不开面相向者，必是枝龙，而非正干。水口山不转面向里者，必是借用而减福力。[③]

祖山分龙，两边冈阜向多者，龙旺；横龙降脉，背后孝顺鬼逆抱者，穴真。[④] 入穴见向，而远观似背者，非龙；远观似向，而入穴见背者，非穴。外不像背，而内有稜角相向者，可取；外虽似背，而内无稜角相向者，可弃。不向左，不向右，而节节鹅毛氄，再得左右砂相向，虽旁龙亦可取裁。或向左，或向右，而形如侧手臂，右左砂更有一边背我，并本身亦为砂体。本身龙虎向而外层皆向者，地大；外层不向而本身龙虎向者，地小。[⑤]

有等龙虎气旺，曜气飞扬，自本身龙虎一向之外，即飞扬而去，得总缠护水口山面面相向，而抱住其飞扬之砂者，反为大地。此当求之寻常识见之外，然亦当观其祖龙如何。若祖龙行度节节开面，而分龙出帐过峡之处，两边迎送缠护重重相向者方可。[⑥]

又有一等龙身，于始分再抽之际，两边护从冈阜向者甚多，至结穴处，但得水缠，并无护从，只有一股阴砂，仅堪蔽穴，亦为大地。[⑦] 故向

---

① 此论龙身行度。

② 此论护卫开脚星辰。

③ 水口山有不向内者，穴中不见亦可。此论龙穴缠护兼及朝案水口山。

④ 此论分龙处之护砂兼及横龙后鬼。

⑤ 此论体认内外远近之向背，分别龙穴之真伪大小。

⑥ 此论曜气。

⑦ 有水环绕，不嫌护砂微薄。

背之本，在分龙作祖之处，穿帐过峡之时，而到头之向背，特其标耳。[1]又有一等旺龙，枝枝结果，节节开花，一局之中结数地，数里之中结数十地，其砂必各自顾穴，何能层层向我而不背?[2] 只好论其本身之枝叶，不顾人而向自己，有星面穴面，便是美地。其外层皆自去顾穴，何能向我?只要借用得著，凑拍得来，象个局而，不斜窜压射便佳。亦仍以真向多者为胜。[3] 又有一种怪穴，后龙之开面垂头，临穴之结脐吐气甚真，[4] 而龙虎状貌，反背而去。[5] 以常见论之，何能成地?及细察之，其反去之处，有隐隐褶纹抱进，或层层石纹裹转者，亦成真穴。如反肘粘高骨、鹭鹚晒翼、雁鹅反翅诸形是也。然非盖堂之证验，垣局之会聚者不可。[6]

《坤道珠玑》曰："众山拱向，似乎有地，然要辨其真假"。既曰："拱向"，复有真假，于何辨之?在乎识背面而已。杨公曰："若是面时宽且平，若是背时多陡岸"。凡山之拱向者，果皆有宽平之面在前，更有陡峻臃肿之形在后，乃见面向我背在外，是真向也。若反此而状虽向我，其实无面，便不为真向。向山不真，主山便不结地。故看地当内看外看也。内看者，立于作穴之处，看四面之山，及本身左右，皆有情向我否。若众山无情向我，便结穴不真。外看者，四面之山，尽在穴内见其向我，穴外观之，乃反背无情，走窜他向，穴中所见向我者，便非真面。向我者假便非真地，故内看不可不外看也。但形貌背而性情向者，外观虽反背，内观则有情，龙穴砂水件件真的，又不可执外观之法而概弃之。盖大势反去为形貌背，石纹裹转为性情向，如上所云鹭鹚晒翼等形是也。故石纹之向背，更宜细看。[7]

---

① 此论结穴护砂单薄，盖指出洋旺龙而言。若山谷结地，应以到头真向多者为贵。

② 多有成鱼尾砂，作两边之护卫。

③ 此论旺龙结穴。

④ 结脐，详《乳突窝钳篇》。

⑤ 指曜气飞扬。

⑥ 大地方成垣局，中小地只取唇口堂砂为证。此论龙虎反背。

⑦ 统篇大旨，总以识背面全在察性情为主，真分假分，与石纹之向背，是性情之显然者。更论及内外看法，龙砂向背自无遁形。

護砂向背圖

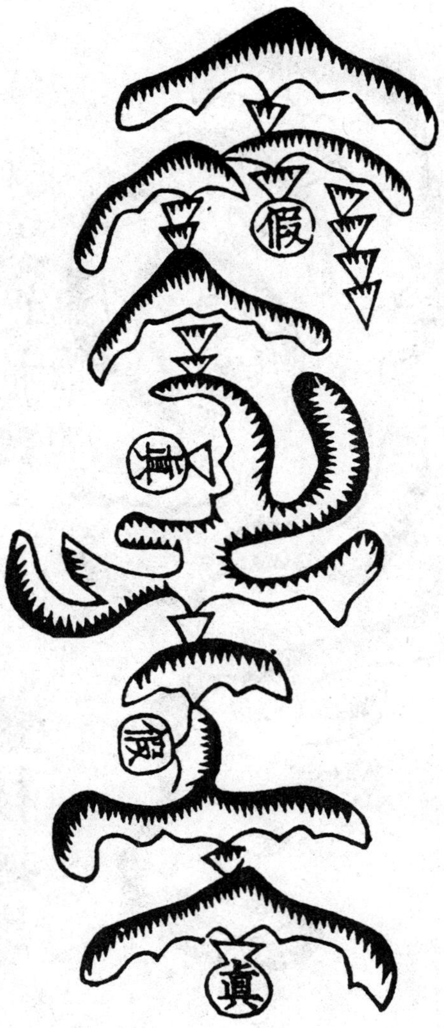

故而抱下
假背來砂

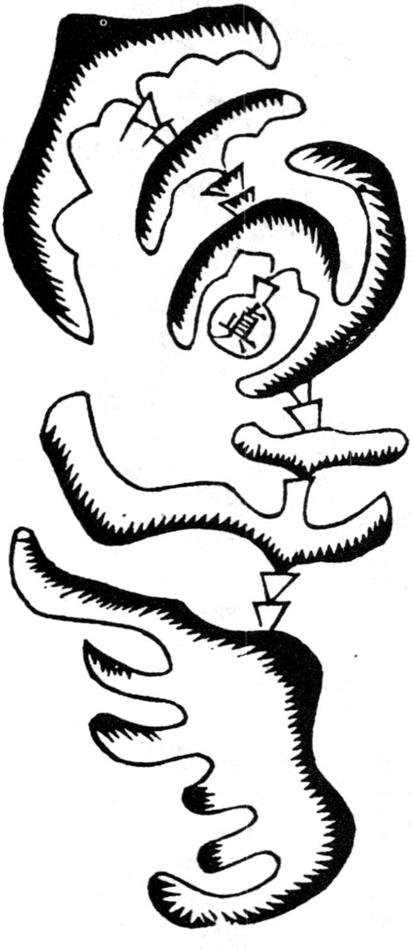

後鬼逆抱護穴

餘枝迴護

合割[①]

何谓合割？曰有分必有合，无分而敛者必割。但割之义有四，如山顶化生脑有蝉翼或肌理刷开之分，则水痕必在蝉翼、肌理之外，分开如八字，为界出脉之水。[②] 若无此分水，必夹脉而透头，谓之割脉水。[③] 半山突泡有金鱼砂之分，则水痕必在金鱼砂之外，分开如八字，为界行脉之水。[④] 若无此分水，必夹脉而扣肋，谓之割肋水。毬簷有蝉翼、肌理之分，则水痕必在胖腮外分开，如法令纹之合于颔下，[⑤] 为界入脉之水。[⑥] 若无此分，则穴腮必不胖，水必夹脉而斜合于颔下，谓之割脚水。[⑦] 或穴旁少一边蝉翼，[⑧] 而隐隐界水在唇内斜过，[⑨] 或余气不从本身铺出，[⑩] 或左或右，反高起铺来，[⑪] 或两边俱高起铺来，而隐隐界水在余气内合。[⑫] 或窝钳穴一边牛角砂非本身分出，界水穿膊，斜流穴畔，总谓之割脚水。[⑬] 或大小八字一臂[⑭]被旁顶之砂自外插入，其枝缝中必有水痕穿入，谓之割臂水。割脚割臂，不必两边齐犯，即一边犯者，断不成地。其割肋水，间有不忌者，必山顶与穴旁之蝉翼俱全，脉路如宽牵线之软[⑮]，旁砂如花瓣之相向。其透

---

① 此篇论砂之分合，以证水之分合，水之割可见砂之敛，脉穴真假均于此辨之。

② 出脉处有分砂，水必两分。水分脉降，故曰界出脉水。

③ 顶前无蝉翼、肌理，水即透头。

④ 顶前蝉翼肋下之水，在金鱼砂外分开，所以界脉而行，故曰界行脉水。

⑤ 此从金鱼砂肋下分出，绕穴腮旁，而合于唇下。

⑥ 毬簷有分砂，则穴腮圆胖，水于此分，脉从此入，故曰界脉水。

⑦ 有毬簷而无蝉翼、肌理之分，则穴腮不胖，穴后雨水直来，斜合唇下，即是割脚。按以上论分水为主，故从山顶说到临穴。

⑧ 指乳突穴言。

⑨ 穴旁一边界水向唇上斜流，是割脚而过。

⑩ 余气从穴间铺出者真，详三卷《裀褥唇毡》篇内。

⑪ 此一边界水在穴前斜来。

⑫ 穴前余气不真，两界合于余气之内，为割脚而合。

⑬ 乳突少一边蝉翼砂，界水从穴后斜来；窝钳少一边牛角砂，界水从穴旁斜流，以及余气不从本身铺出，界水或一边，或两边铺来，合于余气内者，俱是割脚。故曰总是割脚水。

⑭ 指穴山言。

⑮ 半山割肋，因无金鱼砂，得脉路如宽牵线者，水从矬平两边分去，故可不忌。

顶割脉水，后龙只犯半边，亦间有不忌者，必穴山顶上之大八字、半山之金鱼砂、到头之穴面唇裀俱全，脉路如宽牵线之软，左右砂如花瓣之相向。但割肋不忌者，不拘后龙穴山，数百中尝见一二；若透顶割脉之水只犯半边不忌者，后龙数百中，亦尝见一二。在穴山则少见，① 犯此者，如人少一眉一目，如花少一叶一瓣，必非本体，定有损伤，须仔细详审，不可以为当然而漫取之，割字之义尽之矣。

合者，真地有两水合，假地亦有两水合。② 合固不可无水，亦不可全凭水之合也，只有两砂兜收为合。但真地有两砂兜收，假地亦有两砂兜收。③ 合固不可无砂，亦不可全凭砂之合也。④ 惟有圆唇兜收，乃可称为合之真。盖分合乃气之行止，非中圆背上⑤两边拖下之分气，胡为而行？非中圆背下⑥两角收上之合气，胡为而止？分如上弦之月魄，合如下弦之月魄；分如鼻旁之法令，合如口下之下颔；分如脐上之胸肋，合如脐下之小腹。而月之心，腹之脐，面之人中，是分合之中心，为生气聚处。故穴旁隐砂，两角拖下而未收上，是气行而未止；两角收上而不拖下，是气止而不行。但圆唇之内，要平如掌心，而可坐匝水。⑦ 圆唇之边，要有弦稜方平，仰而不削水，设如龟背牛鼻而水分水削，虽两角收上，亦非真合？⑧ 然有圆唇之合，而兜抱其唇之两砂又不可少。不然，大界水扣割而来，谓之有唇无襟。⑨ 故论合者，当以圆唇之合为主，次及砂之合、水之合可也。但水有三合，一名三叉水。⑩ 毬簷之前，圆晕之旁，有隐隐水痕合于小明堂者，为一合水。⑪ 半山金鱼砂之肋下，分小八字水，绕穴腮旁而合于唇

---

① 割肋穴山可犯，透顶、割脉穴山不可犯。
② 上有分而下有合者真，上无分而下有合者假。
③ 穴后毬簷分明，穴前圆唇托起，两砂兜收其唇者为真，否则是假。
④ 空窝亦有两砂兜抱。
⑤ 中圆即穴晕背上者，后有毬簷之分，如背之驼出也。
⑥ 晕前圆唇托起，如背之驼出，故曰背下。
⑦ 圆唇内平如掌心处，即是小明堂。可生匝水者，言晕旁周匝，水聚于此也。
⑧ 如龟背牛鼻，则无如掌心之小明堂，脉何能止。
⑨ 无两砂兜抱其唇，则无合襟之水，为割襟。
⑩ 合者相交之义，叉字相交之形，三合，故曰三叉。
⑪ 即蟹眼水。

下，为二合水。[1] 山顶前，蝉翼肋下，分大八字水，绕金鱼砂外，合小八字水绕穴腮外，而共合于内明堂者，为三合水。[2] 此三合水虽无水长流，均有隐隐沟迹。龙虎兜收者，必有交襟之水，其合易见。龙虎绰开与无龙虎者，山麓一片坦平，又无交襟之沟，惟有明堂低处，可意会其合。[3] 三合水之起沟处，即是三分水流注之源，故有三分水必有三合水，不必定有明水交处方为合也。其有明水交者，除本身有龙虎外，[4] 惟随龙大界水合于外明堂。然此水横局合于左右，逆局合于背后，顺局合于穴前。本身有余枝数里者，其水合于数里之外，不可以两水大合处为正龙尽结也。

① 即金鱼水，又名虾须水，详后卷《蛮面》篇。

② 即虾须水。按此论合水为主，故从毬簷说到山顶，但前言山顶分水，在化生脑蝉翼外，此言合水，在山顶蝉翼肋下分来，虽立说不同，实则一从砂背来，一从砂面出。至下则合而为一，内外同流，只此一重水耳。惟贴穴痕影水自成分合，不与虾须二水联属，阅附图自明。

③ 低则水聚，即是合处。

④ 龙虎界深，故明有水。

右圖正龍腰結有餘枝故兩水大合數里外

陽脈結穴之圖

上背簷毬

王收

陰脈結穴之圖

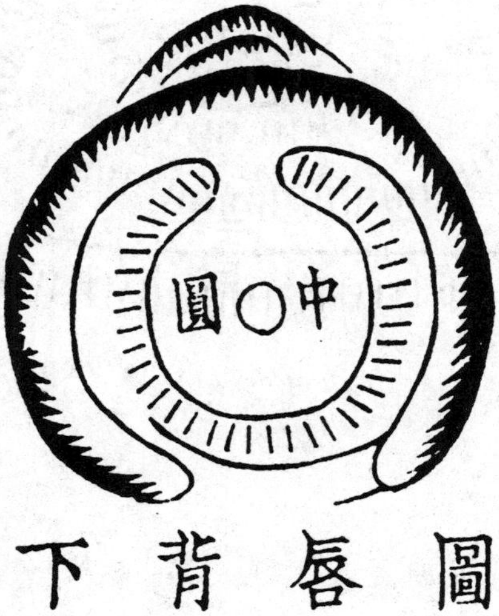

下背唇圖

附正體星辰分合水之圖

此半山突泡

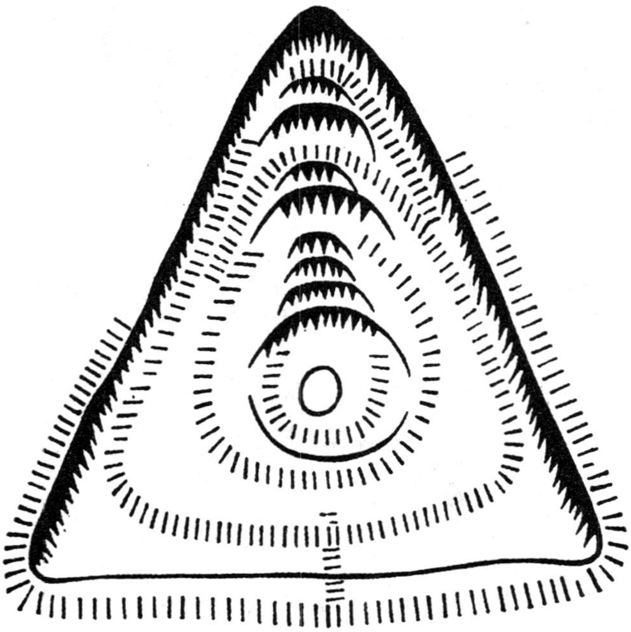

附乳突穴分合水圖

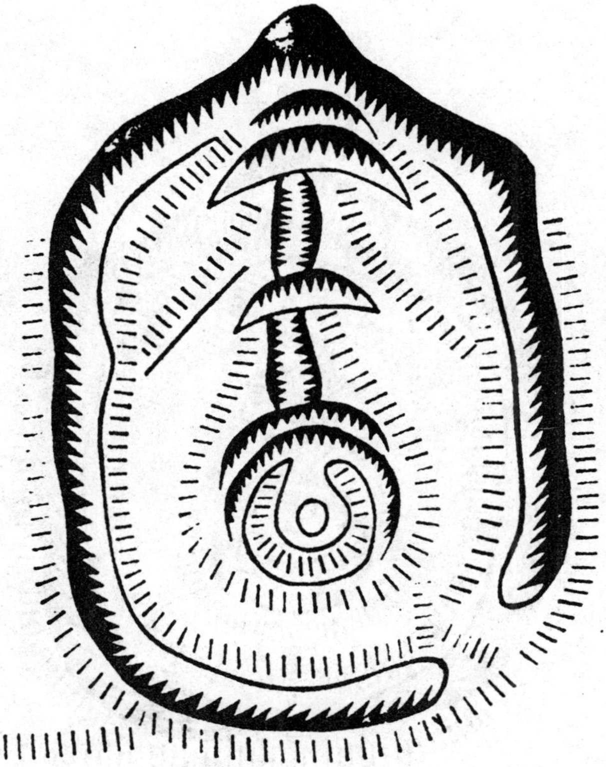

附窩鉗穴分合水圖

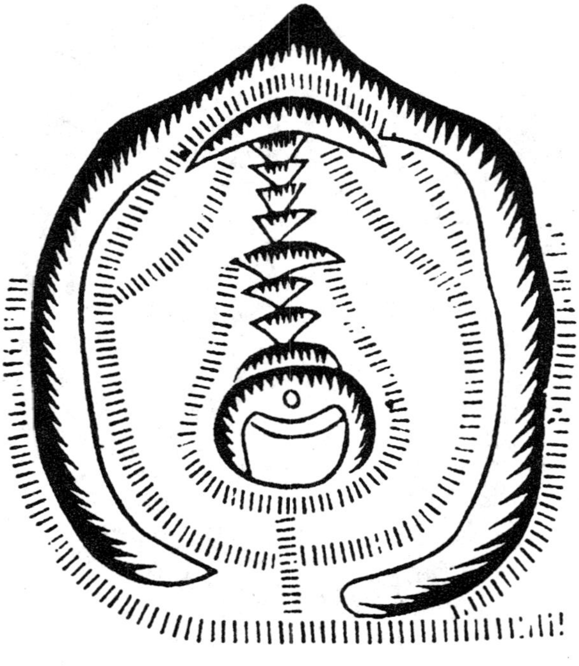

右三图，第一分从山顶蝉翼肋下分来，即虾须水。第二分从半山金鱼砂肋下分来，即金鱼水，亦名虾须水。第三分从毬簷下穴晕两旁分来，即蟹眼水。三分水合于小明堂，为一合水；二分水合于唇下，为二合水；一分水合于龙虎内之内明堂，为三合水。随龙大界水合于龙虎外之外明堂。此指正体开脚星辰穴山高大，地步甚广，脉路牵连长远者而言。若穴山低小，脊脉间断，本身不开口，穴结山顶靥处，与侧钳、边钳穴法，惟有贴穴小分合水，然亦有股明股暗之不同。其第一二重分水，在后龙过脉跌断处见之，如开脚星辰。龙虎有饶减，而穴山地步无多者，虾须、金鱼二水或边分边并，唇下亦不能定有两重会合。盖山体不一，穴法多般，前图惟绘其规模，在智者善于窥测耳。至内外明堂之水，皆会合而流。惟小明堂水本属微茫，雨过渗入土中，设遇大雨溢出，从唇上直流者，即是破唇。

附横龍穴分合水圖

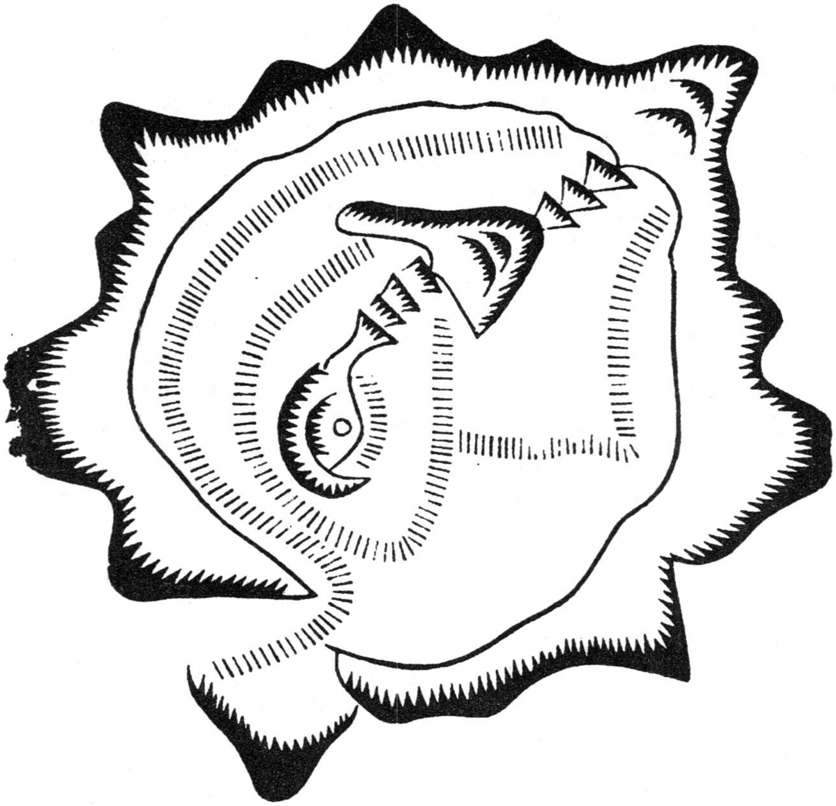

附邊窩穴分合水圖

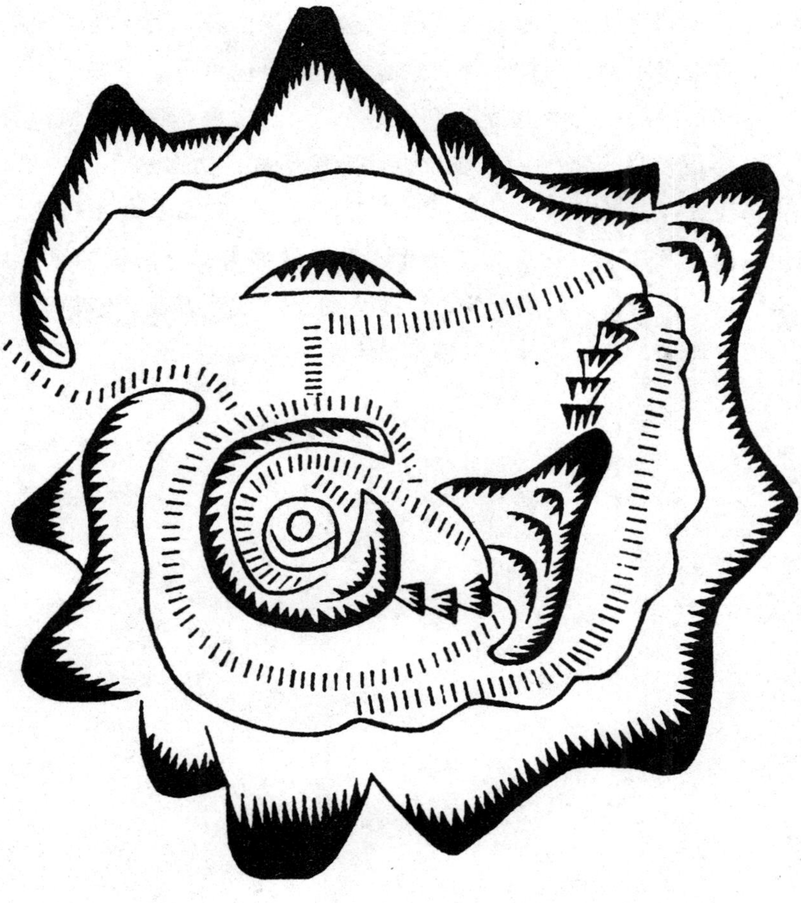

纵横[①]

何谓纵横？纵者，龙身委蛇起伏向前奔行也；横者，开屏列帐两旁分布也。二者均不可少，然占地步偏重于横。盖惟有帐能占地步，有盖帐羽翼者为龙，无则为砂。盖帐大而羽翼多，占地步广者，为干龙；盖帐小而羽翼少，占地步小者，为枝龙。大帐前垂，两角包裹重重小帐于内，力最大；包裹开面星辰次之；但豁开而不包者，又其次也。一纵一横，为十字帐；借纵为横，为丁字帐；借横为纵，为偏出帐；边多边小，为不均帐。其势张扬飞舞者，龙行未止；收敛回头者，龙行欲住。是大小行止，皆辨于横也。但行龙直来，而横开者无几，大都借纵为横，借横为纵者居多。况纵横互借，闪巧转身，层见叠出，地步始广，枝叶方茂，结作多而力量大。若直串而来，旁分枝叶，纵横不借者，一龙只结一地。[②]

---

① 论开帐过峡，后卷各有端篇，此下二篇因论占地步而言其大略。

② 上言直来横开者，即十字穿心帐，惟大干龙有之。此言直串而来者，乃无帐枝龙。

收放

何谓收放？收者，跌断过峡也。放者，放开枝脚也。[1] 缠护、迎送、开帐，皆放中之事；垅龙之鹤膝蜂腰，支龙之银锭束气，皆收字之别名。蜂腰旁之蝉翼，银锭旁之阴砂，乃放中之至小者。盖不收则气散而不清健，不放则气孤而不生长。犹火筒与风箱，必小其窍而风力始健。又如草木，必放开枝叶而花果方成。故善观地步者，必于峡中观之。李氏曰“跌断非峡”，谓夹以两山而无迎送之砂，虽跌断不为峡。[2] 谢氏曰“无关不成峡”，谓峡旁无水口，又无迎送交锁之砂以关其峡水也。何潜斋曰：“神仙地理无多诀，未用寻龙先看峡。峡中须要有明堂，内峡外关堂气结。结得深时垣气真，结得浅时垣气泄。”言峡有迎送、关锁砂，两旁自有聚气明堂，方为好峡。结之浅深者，谓迎送、关锁砂之多与少，密与疎也。观此则峡中地步可见矣。

---

① 大极收小，小极放大，阴阳变化转换之理。

② 行龙跌断多者，前途结作必真，虽跌断而不开面，中间无微高脊脉，此去必无融结，不惟不得为峡也。

附横龍穴分合水圖

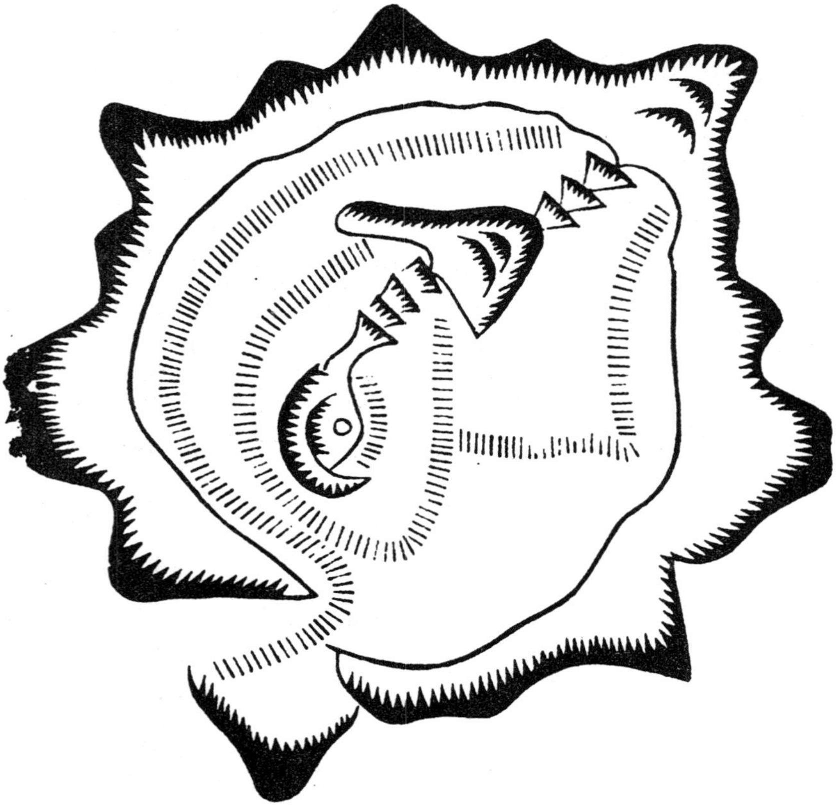

偏全[1]

何谓偏全？两边皆大江大河夹送，而垣局水口、缠护盖托，皆本身自带者为全局，而地步广。一边大水，一边小水夹送，或两边俱小水夹送，而垣局水口、缠护盖托半借外来凑拍而成者为偏局，而地步狭。全局偏局之中，又各有大小数等，可推而知。夫缠护盖托不假外来凑拍者，数百十之中，犹有一二；垣局水口欲其不假外来凑拍者，非大干龙不能。故天下全局最少，偏局最多。

聚散

何谓聚散？曰龙身、垣局、明堂俱有聚散，不但砂向水绕为聚，砂背水走为散也。龙身之聚散以讲论。龙之来也，如层云叠雾，合气连形，远大者千百里，近小者数十里，横亘绵延，或以五星，或以九星，聚而不分，谓之聚讲。[2] 即聚之后，分枝劈脉，干从中出，枝向旁行，过峡穿帐，两边各起峰峦，或天弧天角，或旗鼓仓库，丛聚拱护，谓之行讲。来历既远，必有住处，如贵人登堂，僚佐属官，排列拱揖。又如行人抵家，骨肉团聚，谓之坐讲。有此三讲，其龙乃旺。不然，孤单无从，非散气而何？坐讲之处，即垣局之所。四面八方之龙，皆于此住，四面八方之水，皆于此会者，为大聚；一二面之龙于此住，一二面之水于此会者，为小聚。千百里之龙于此住，千百里之水于此会者，为大聚；数里数十里之龙于此住，数里数十里之水于此会者，为小聚。不论大聚小聚，终是大家所共，还须各立门户，自成明堂，以为贴身真聚方可。门户者，龙虎、近案、水口、下关也。要外背内面，相向有情。明堂者，穴前之小明堂，龙虎内外

① 此篇论垣局大小，下篇论龙来聚会，申明占地步之意。

② 来龙至此，旺气一聚，罗列群峰，故曰聚讲，即太祖也。

之内外明堂也。[1] 要不倾不侧，窝平容聚。蔡氏曰："大势之聚散见乎远，穴中之聚散见乎近，二者有相须之道焉。"故大聚之中，有数十龙并住；小聚之中，有数龙并住。均有门户明堂，亦皆成星开面。或嫡传反隐拙，支庶反魁梧，欲辨其孰轻孰重，须观其始分再抽之处，[2] 护从冈阜向者多，而出于聚讲行讲之中干者为最贵。不然，虽居大聚之中，只得小聚之力。故善观地者，于始分再抽之处，已知其得水得局之概矣。

---

① 内明堂即中明堂，在龙虎内，外明堂即大明堂，在龙虎外。

② 始分者，分龙出身也。再抽者，分龙之来，再起高大星辰也。

山洋指迷原本卷二

开面异同

或曰：五星九星，千变万化，岂一开面尽之乎？抑开面亦有不同乎？曰：星辰虽变态多端，而真假只决于开面。如贪、巨、武、辅、太阳、太阴、天财、紫炁、金水等吉星，不开面则凶；破、禄、廉、文、天罡、燥火、孤曜、扫荡等凶星，开面则吉。盖吉凶不决于星体，而决于开面。况星辰之变不可胜穷，惟开面自合穿落传变之吉格，不开面则成粗顽破碎之凶龙。但山之开面，有隐显、横偏、闪蛮、深浅、大小、多寡、特降、牵连、开肩、乳突、窝钳之不同耳，此而明之，虽千变万化，无不了然矣。

按：廖公《穴诀》云："穴星更有八般病，有病何劳定。斩首折痕项下拖，碎脑石嵯峨。断肩有水穿膊出，剖腹胸长窟。折臂原来左右低，破面泪痕垂。陷足脚头窜入水，吐舌生尖嘴。此是星中大有亏，误用祸相随。""穴面又有八般病，有病皆恶症。贯顶脉，脑上抽。坠下脉，过脚行。绷面脉，横数条。饱肚脉，覆箕样。受煞脉，带石来。斩断脉，坐下崩。吐煞脉，长死硬。失序脉，不分明。莫言立穴太精详，凶吉此中藏。"是皆不可不知者，故附于此。

隐面显面

隐面者，即正体星辰，分隐而脉亦隐，故谓隐面。以其得星体之正形，故曰正体，如覆釜钟、顿笔笏、列屏几之类是也。显面者，即开脚星辰，分显而脉亦显，故谓显面。以其大小八字并落脉井然有条，故曰开脚，如人展臂，如禽开翅，如菜叶之护苔是也。二者虽隐显不同，顶前俱要有化生脑、节包隐分显分，背后稜角、八字不可边有边无，星辰不可边凸边陷，如上卷所论分敛、仰覆、向背、合割之宜忌则一。但正体星辰，最忌脉脊透顶，为贯顶；界水透面为破面。开脚星辰则有忌有不忌者。若山顶前化生脑有蝉翼，界水在蝉翼外分开而不扣肋，透顶之脉如宽牵线者不忌。若无蝉翼，界水扣肋，透顶之脉如急牵线者，即为贯顶破面。盖显面之脉要如宽牵线软泛而下，有大矬大平方佳，或有显明突泡起伏者更妙。隐面之脉，要如泥中隐鳖，灰中牵线，顶前微矬，矬前微平，平前微凹，隐隐跃跃，脉出隐八者之叉口，而隐八字之分心①个对个而来者方真。若无矬平而一条直下，② 或模糊饱硬者，③ 俱无融结。正体星辰，除大八字显分外，但有肌理隐分，不必护带蝉翼，即有亦在依稀之间。④ 开脚星辰必须有蝉翼、护带显然可见，即无护带，必要蝉翼，此为异耳。

---

① 即脉之中心。

② 承显面之脉言。

③ 承隐面之脉言。

④ 正体星辰落脉隐微，故但有肌理隐分。

横面

撞背直来，人所知也。然龙之转身最多，有方直行而脉忽横降者，有方横行而脉忽直降者，总为横面。其大八字即以来去横冈为之，不似撞背直来者自分大八字，然亦要近身有大八字之梢垂下，对看不知其为横冈，而像大八字方真，起翼颧[①]而垂下长者为有力。大八字之外，又有护带豁开而相向者为妙，护带多者更佳。[②] 但来水边之护带不患不相向，而患不豁开，一顺敛者非真。[③] 去水边之护带，不患不豁开，而患不相向，一顺背者即假，[④] 蝉翼、肌理之分亦然。横降处无大小护带者，乃大龙方行之际，非大聚之处，何能结地？若大龙将尽未尽，枝枝结果之处，虽无大小护带，得贴身有小八字之分，成分金之面，有矬有平而降，[⑤] 前途博出大八字之星辰者，亦能成地，但力不大。[⑥] 凡横龙结穴而有降脉者，不论有顶、无顶、凹脑均不忌，后宫仰瓦，气钟于前故也。[⑦] 惟无降脉，而贴脊横担结穴者，忌顶之无。[⑧] 其凹脑全无落脉，背后不仰瓦者反假。[⑨] 起顶平顶者，[⑩] 驼背亦可，仰瓦亦可，[⑪] 得背后有逆转之下砂，外背内面，如孝顺

---

① 大八字两肩如鸟翼分开，肩上突起如颧是也。

② 大八字外护带，指来龙枝脚。说护带多者，可证龙力之旺。

③ 从来水边直生敛入，无抱向之情。

④ 向去水边反背而去。

⑤ 大龙方行，山体粗老，横降处无大小护带，必无真结。若龙身脱化已净，砂水聚会之间，但得小矬小平横降者，气脉已旺，故不必有大小护带。

⑥ 横面亦有隐显二体，当与《隐显面》篇参看。大龙将尽，无大小护带横降者，须得后龙有大八字星辰。但系分结，故力不大。以上论降脉，以下论穴法。

⑦ 气钟于前，有脉降下结穴处自有化生脑，故上面有无起顶，与后宫仰瓦，均可不论。

⑧ 平顶者为一担，贴脊者扦于山脊矬前平处，因无降脉，故穴后均宜有顶。

⑨ 元真子曰：天财“两头齐峙护托高，穴在担凹取仰瓦”者，《大全》云“横龙天财穴，气蹙于前，后宫仰瓦，取两边生来孝顺鬼也。”然须龙虎、近案、蟹眼、唇毡俱全，后有鬼乐方真。若但如银锭束腰者，是过脉之所，何能融结?。

⑩ 承上横龙无降脉者言。平顶者，顶如一字之平。

⑪ 横龙穴后有顶，无论驼背、仰瓦，均可扦葬。须知直龙结穴便不可无顶，所谓“穴不起顶非真穴”也。

鬼者为一。[①] 盖横龙要四伏不牵，[②] 背后之下砂不转，则尾摇而不定[③]龙已住者则不拘此。纵龙势尚行，开面真者，亦不拘此，但不如背后砂逆转之力重。[④] 其背后之乐托抽出一条，转面向里者，亦作鬼论。[⑤] 顺水向外者，两边俱是桡棹。[⑥] 今人见《雪心赋》忌后宫仰瓦，每将真地误弃，而后面之桡棹，竟作鬼论，故表出之。如横龙有降脉者，原不拘后乐有无，惟无降脉而横担作穴者，必须托乐。[⑦] 有等横龙，降脉处不惟无顶，反生凸潭如小窝。近窝之背上，微牵一线之脉，隐隐从凹潭中出，落下一段，方起小突，为化生脑。山下对看只见其脑，不见其凸，此化阳之极而生起此脑，下面结作必真。如误扦上面窝处，即是伤龙。[⑧] 蔡氏曰："横担横截，无龙要葬有龙"，[⑨] 此为无降脉而贴脊结穴者言。若有数丈降脉，当与直撞直奔者一体裁制，慎勿提高斗煞。其横担结穴者，亦要有化生脑，[⑩] 分开金面，有矬有平，圆唇托起。不然，虽左右有情无益。

---

① 横担、贴脊、驼背、仰瓦虽可不论，但鬼乐必不可少。

② 前后左右砂俱回头相顾而不他向也。

③ 下砂不转，龙势尚行，故曰尾摇。《撼龙经》云："问君何以知我行？尾星摇动不曾停"是也。

④ 横龙穴背后下砂逆转者是正结，不转者是偏结。

⑤ 穴后另起之山，有峰高峙为乐，低平而不抱左右者为托。若乐托之山生出一枝环抱向穴者，《撼龙经》称为赐带鬼，故曰亦作鬼论。

⑥ 桡棹即枝脚，两边者，一指乐托抽出之砂，一指穴山言，本身亦是砂体也。

⑦ 横担穴近于山脊，后无托乐，不免孤寒。

⑧ 此论横龙有降脉之变格。

⑨ 《神宝经》曰："贴脊平头脉短，故当插入而扦"，亦此意也。

⑩ 贴脊全无降脉，横担略有矬平，故宜扦于化生脑下。此以脑为毬簷者也。

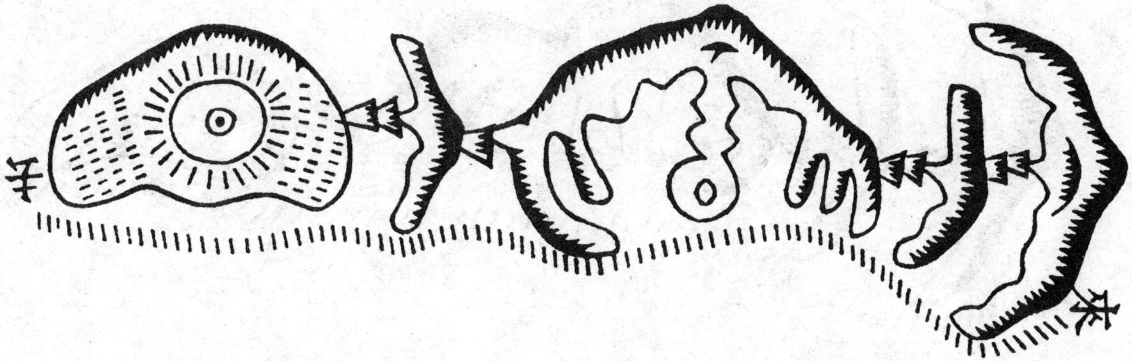

分肌去
相理水
向刷邊

分肌來
相理水
向刷邊

開護去
相帶水
向豁邊

開護來
相帶水
向豁邊

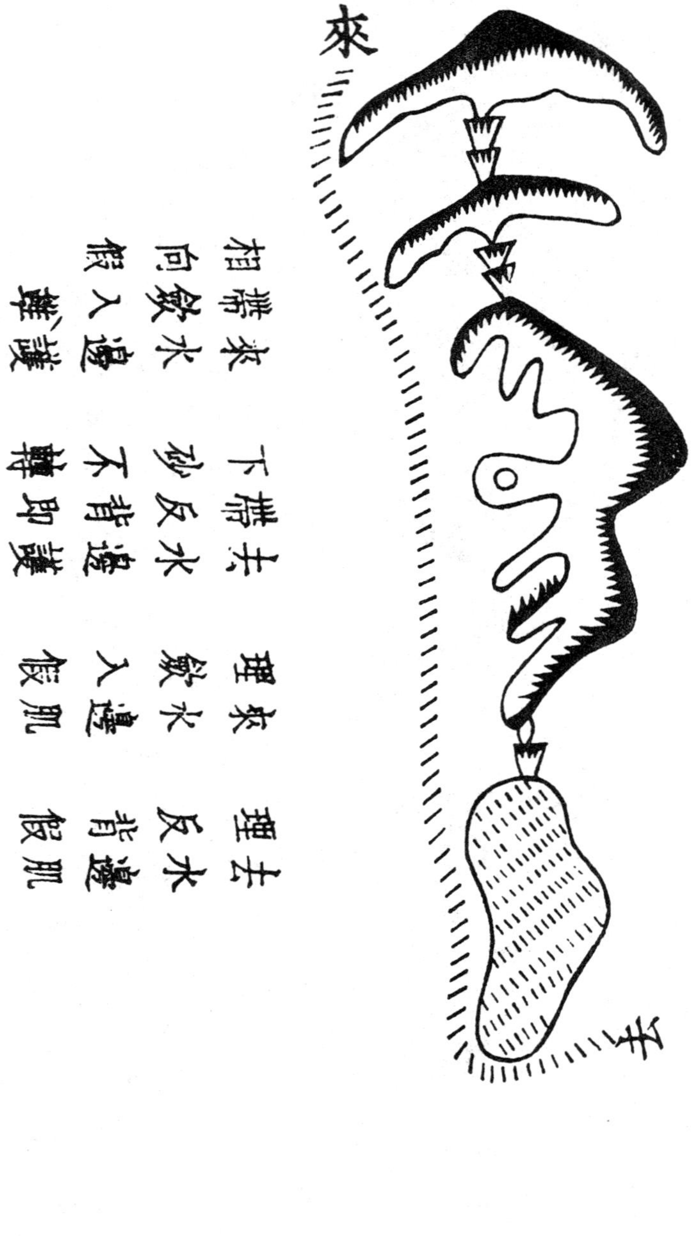
來
去
相帶來
向斂水
假入邊
衛護
下帶去
砂反水
不背邊
轉即護
理來
斂水
入邊
假肌
理去
反水
背邊
假肌

背後下砂逆轉

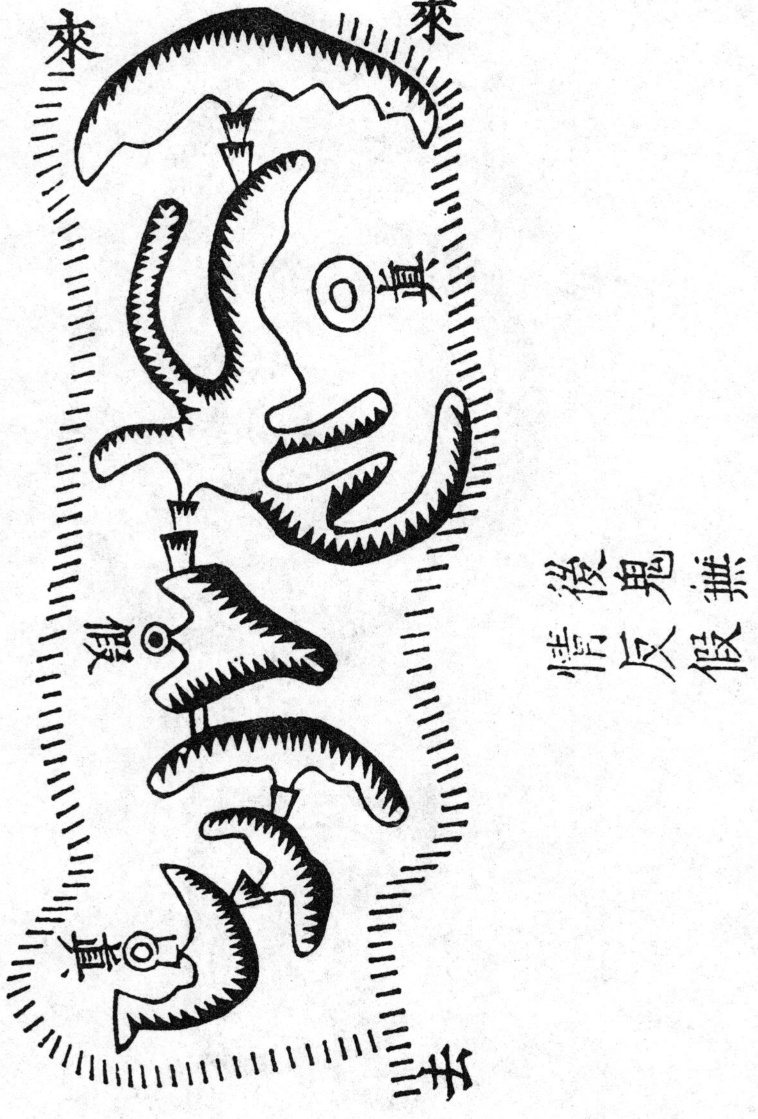

橫龍寄穴
真

偏面

对顶中出，人之所爱。然龙之偏降最多，有偏至肩臂出脉者，有偏至掌后腕骨出脉者，有横来已起中顶，然后偏过一边肩臂出脉者，有尚未起顶，先从肩臂出脉者，皆为偏面。其自中顶偏过左右出脉者，中顶不必分个字下来，即借中顶那边一股，配我这边一股，为偏中个字之丿乀，只要贴身有蝉翼或肌理刷开分成金面，于大八字之丿乀半边，而近中顶边之砂豁向中顶边去者为真。若敛向出脉边来便假。①

① 偏面亦有隐显二样，当与《隐显》篇参看。其偏出、中出之轻重，后有耑篇。

偏降之圖

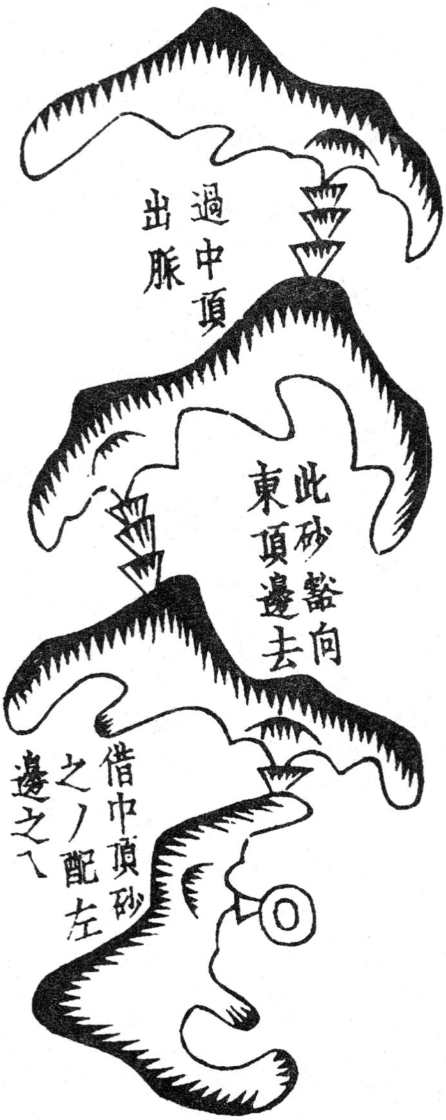
過中頂出脉
此砂豁向東頂邊去
借中頂砂之ノ配左邊之乀

中頂砂豁開

附圖

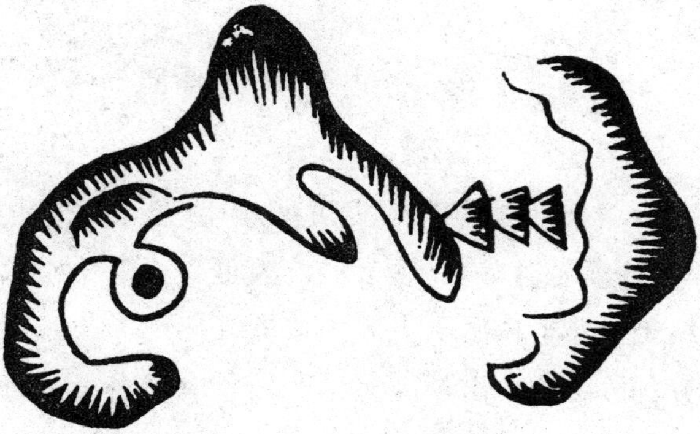

中頂砂豁
開相向真

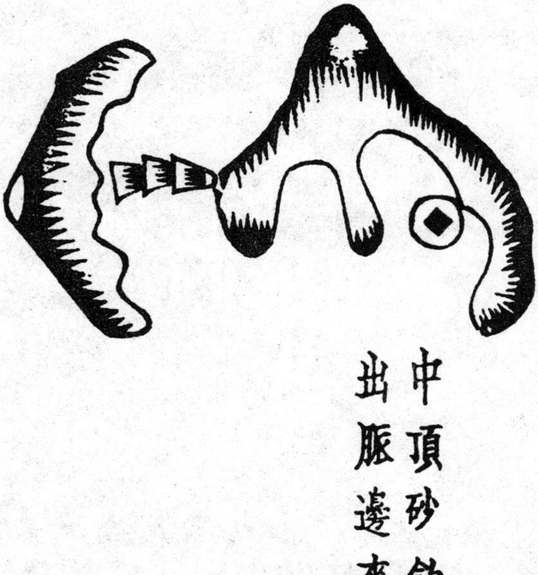

中頂砂斂向
出脈邊來假

闪面

子微曰：“真龙闪巧转身多，岂惟直串为可据。”言龙之闪也。杨公曰：“误葬每因求正面，不扦浑是弃偏陂。”言穴之闪也。盖闪龙如瓜果不结于正簶正干之身，而结于子藤子枝之上。闪穴如瓜果不结于子藤嫩枝之正，而结于子藤嫩枝之旁。故山脊中出，而穴每旁插；山脊横飞，而气每直出。势远奔而腰间潜渡，形顾内而腕外偷踪，有顶而透漏于无顶之处，有脊而潜隐于无脊之坡。非故闪以示奇，亦势之不得不闪也。盖有脊处硬，不得不借脊为出煞之所，而别闪于软处；对顶处死，不得不以顶为分开之砂，而旁闪于生处。生气喜包藏，而山之尽处抛露，不得不栖闪于中腰；生气喜止聚，而山之尽处走泻，不得不抛闪于平地；腕内堂气倾侧，不得不走闪于腕外之聚处；正身不开面，不得不偏闪于旁枝之开面。大抵闪脉之出，无正顶之起，无大八字之分，无脊脉之露，惟有隐隐分金之面，微微矬平，一呼一吸之动气，可细察而得。[①] 然闪龙来处，无开面星辰叠出者不真；闪穴止处，无唇脐堂砂证穴者必伪。以是交相验之，闪穴似不难知。但星辰与唇脐堂砂，无动气不灵。动气二字，虽似难明，试将分敛、仰覆，[②] 与《葬书》乘金相水诸篇，[③] 细细揣摩，[④] 遍覆名墓以证之，自可豁然贯通。正者如是，闪者亦如是矣。[⑤]

---

① 动气详《乳突窝钳》篇。

② 此二篇为认脉穴真伪之要。

③ 《神宝经》曰：“三合三分，见穴土乘金之义。两片两翼，察相水印木之情。”按乘金者，乘毬簷金面之中也；相水者，相水之分合也；穴土者，穴取坦缓真土也；印木者，不拘何星坐穴，左右两肘必长，曲直内抱，即贴穴护砂隐显不同，亦必曲直抱穴。曲直者，木也。印者，证也。

④ 闪穴亦怪穴之类。然怪穴总不能逃于分敛、仰覆、唇脐堂砂之外，故教初学者细揣其认龙点穴之要诀也。

⑤ 此篇宜与《偏面》参看。

蛮面[1]

地之真假，只在开面与否。开面者粗蠢亦真，不开面者文秀亦假。其出人秀蠢，在后龙星辰论，不在穴山论也。谢觉斋曰："突金粗蠢号蛮脉，宜认虾须气与珠。但见节包并梗块，时师休要用心图。若是朗梳钳面出，随他脉路取功夫。此是天然真正穴，如能明得即无虚。"又曰："蛮脉穴法最为难，认取虾须蟹眼安。单股水随缠绕下，三叉五度要迴环。[2] 太粗太蠢皆为假，[3] 股明股暗别一般。左右枕归流水取，[4] 斯文留与子孙看。"盖虾有六须，四短两长，离水俱竖起，在水则二长须豁转向后如八字，其须尾略转抱身。试放活虾于清水盆中，自见长须抱转。以虾钳为须，误也。今以虾头向上比穴山，虾尾垂下比山坡，虾身比穴脉，虾须比山顶前蝉翼与半山暗翼肋下所分之痕影水。除毬簷之分不论外，上面分一重暗翼，当有一重虾须，[5] 若连毬簷之分，有三分而入穴者，当有两重虾须水，[6] 但入穴一重为最要。[7] 盖第一重虾须水，当在山顶化生脑之蝉翼肋下分出，[8] 要半山微突之暗翼逼开，使其如八字样，绕金鱼砂外而下。若顶上无蝉翼，半山无金鱼砂，界水必夹脉透头扣肋，一直而下，何能如虾须之分开？第二重虾须，当在半山暗翼之肋下分出，要毬簷之胖腮逼开，使其如八字样绕穴腮旁，[9] 而合于内明堂。若半山无暗翼毬簷，又无胖腮界水，必扣肋夹脉，割脚直下，又何能如虾须之分开？故虾须之有无，在暗翼、穴腮之有无主之。半山暗翼所分之水，又名鱼腮水。盖暗翼之贴脉，如鱼腮之贴

---

① 此篇论砂水分合处，当与首卷《合割》篇参看。

② 水要之玄。蟹眼即毬簷。三叉五度言两重股明股暗之蝦鬚水左右会合。

③ 不开面便粗蠢。

④ 界水明边扦穴。

⑤ 穴前有一重分砂，即有一重分水。

⑥ 山顶蝉翼，半山金鱼砂，临穴毬簷，此砂之三分也。一重水在山顶蝉翼肋下分来，一重水在金鱼砂肋下分来，金鱼水又名虾须水，故曰：两重虾须。

⑦ 此从金鱼砂肋下分出，即毬簷后之分水，穴之真假全在此。以上论分砂以证分水，以下论分水以证分砂。

⑧ 注详首卷《合割》篇。

⑨ 穴腮即毬簷之分砂。

身；暗翼肋下之分水，如鱼腮之吐水也。然一矬之下无还畆之平，则水不分，故两旁之暗翼拉下而低垂，中间之脉路一平而顿起，肋下方有摺痕如虾须之分去。若脉路无矬无平，与两旁之暗翼一齐拉下，肋下无有摺痕，界水必四散流去，何能见其痕影之虾须？故虾须之有无，又在矬平之有无主之，① 其平尽之还畆处，在山上步来，未曾另有高起，在下面与两旁看之，必高起一块，总名之曰突泡。分而言之，微微铺出，如铺裀展褥之形者曰气；如牛羊乳之垂者曰乳；小巧圆净，如珠之流利者曰珠；些些突泡生于曲动处，如食指根曲转之皮者曰转皮；横湧粗阔，分节而来者曰节；如胞如肚者曰包；如木之条而长垂者曰梗；一连数块而间断者曰块：此出脉之八般名字。珠乳气皮，隐微之脉也；节包梗块，显露之脉也。非突金粗蠢山，八般皆是好脉。在突金粗蠢山，出珠乳气皮隐微之脉，是粗中细，结作必真；出节包梗块显露之脉，是粗中粗，必无融结。② 然果三分三矬三平而来，复有微分微矬微平呼吸浮沉之动气者，虽突金粗蠢之山，出节包梗块之脉何妨？③ 以上八者，在半山递脉为突泡，在临穴之处为毬簷，毬簷即蟹眼也。盖蟹眼者，毬簷之别名，欲其圆净如蟹眼，不可破碎欹斜；欲其垂突如蟹眼，不可塌落不起；欲其柔嫩如蟹眼，不可粗顽不变；欲其截断如蟹眼，不可阴脊仍吐。要人顾名思义，故以蟹眼名之。杨公曰“中有蟹眼，的不可转”。吴犀精曰“落时蜗角转，住处蟹眼垂”，④ 皆指毬簷言也。然不可秃光如蟹眼，须要有分金之面。⑤ 又谓“一滴蟹眼水”者，⑥ 以毬前一矬作垂头之势，必有高低之墈，如簷之滴下，即所谓簷也。其分开之两角不矬，而中心独矬，则簷下必有隐隐微平，分开痕影水绕穴晕旁；晕前亦必有隐隐微靥，可坐匝水，⑦ 即所谓葬口也，⑧ 因毬簷

① 以上虽论穴后两重虾须，实论山顶与半山之来脉，盖脉无分水不清也。

② 龙粗脉粗即是纯阴不化。

③ 有此阴阳变化，不妨脉之粗蠢。此节论来脉隐显不同。

④ 蜗角，临穴之阴砂。蟹眼垂者，毬簷有垂头之势。

⑤ 详《乳突窝钳》篇，此节论毬簷。

⑥ 一滴言其乾流之少也。

⑦ 坐者聚也，匝者周也。言穴晕旁周匝水自毬簷而下，两边分垂，聚晕前微靥处也。

⑧ 簷下平处为葬口，为穴晕。晕前微靥处为小明堂，是小明堂在葬口内也。

名蟹眼，故毬簷下匝水亦名蟹眼水。[①] 今人强为之分，以乳突长而脉狭，两边痕影水长者为虾须；乳突短而脉润，两边痕影水短者为蟹眼。又以蟹是横行，左行则左眼明，右行则右眼明。水之股明股暗似之，故曰蟹眼水。然总是痕影水而已，不必多方辨说也。[②] 单股水随缠绕下者，[③] 言粗蠢山之痕影水，必股明股暗，故曰单股。“三叉五度要迴环”者，言三合水宜屈曲而去，不可合掌直牵。无虾须之分则为太粗太蠢，如有股明股暗之虾须，又不嫌其粗蠢，故曰别一般点穴，当就界水明边。以生气在于薄处，故曰“左右枕归流水取”。[④] 朗梳钳面二句，言粗蠢山不出乳珠气皮之脉，但齐分数股，如梳齿形而成钳穴，梳齿稀朗，似钳之处不少，当认其钳中有阳脉者为真穴，故曰“随他脉路取工夫”[⑤]

深面浅面

深面者，脐腹出脉；浅面者，胸喉出脉。出脉低者，星辰庄重，虽孤单高耸，亦不畏风。出脉高者，得本身肩翅重护，方为有势，肩翅单薄力轻。若无蝉翼贴身，脉必贯顶。亦有喉颈之下，虽起小泡，不甚显露，但隐隐而下，至脐腹阴囊，方出显然之脉者，又不妨高出。又有喉颈之下，连起突泡，或五六，或七八，大小相等，均有分金之面，叠串而下，如串珠龙、上天梯等格，两边肩翅齐护者，力最大，又不可以面浅论之。

---

① 一说毬簷分金开面，一矬而脱出隐八字之两片，即是蝉翼内隐隐摺痕水抱其蟹眼，故名蟹眼水。

② 此节论蟹眼水。

③ 一边股明，痕影水界脉纡徐而下。

④ 界水明边，势自微薄，为蛮面山生动处。水绕即是砂抱，“枕归流水”者，亦傍砂点穴之意。

⑤ 钳中阳脉，详《乳突窝钳》篇。按：谢氏二诗，前一首论矬平突泡钳面，以龙上分砂证脉。后一首论单股三叉，以脉上分水证穴。全篇统解二诗之意，但虾须蟹眼及来脉隐显，凡穴均须类推，不独蛮面也。

大面小面

面之大小，在大八字之大小，护带之有无多寡别之。大八字豁开极远，护带数重，如大菜之多叶，千叶莲之多瓣，面面相同，肩翅齐开者，为开极大面，前去必结大地。大八字不甚豁开，仅有一二重护带，如小菜之不能多叶，单瓣花之不能多瓣，但开面端庄而出脉者，前去结中富贵地。大八字短小而不开张，护带全无，一边止有单股蝉翼，一边有肌理刷开之面而出脉者，前去亦结小康之地。此在分龙起祖处定其优劣，已经博换之近祖，又当恕论。小面者，有行度牵连之小面，有已经脱卸，大山而变小山之小面。行度牵连之小面，不但低小山头有之，高山之上，只微起微伏，不甚顿跌处亦有之。此等星辰，轻重不能自主，惟视其前后间出之大星辰护带之有无多寡辨其高下。已经脱卸之小面，当观其后龙合上格，到头缠护多者为大地；后龙合下格，到头缠护少者为小地。故面之大小，只以祖宗论。到头星辰，但论开面与否，不拘面之大小。然在山谷分挂之龙，仍以开大面者为胜。①

开面多寡

龙身虽长，不开面者多，则力量有限，行至不开面处即止。② 龙身短，节节开面，发福不小，行至尽处而后已。然其长短，只以分龙处为始。有等大龙行度，帐峡已多，脱卸极嫩，忽起高大星辰，雄踞一方，开出大面，分枝数节，使成大地。盖高大星辰，旺气一聚，干龙虽行，而脉于此分落，共祖同宗，故分龙前去，不必长远，其力自大。又有大龙，行度未止，龙身忽嫩，虽不起高大星辰，即借大龙本身之盘旋，枝脚之辐辏，结

① 分挂之龙，不开大面则气势必弱。

② 此因后龙不开面者多，故一行至不开面处，福力遂止。若前后龙俱开面，中间偶有一节之疵，龙运至此亦衰，须行至开面处方兴福泽。

成垣局，大势团聚，于过龙身上分开横面，挂落一枝，两边重冈叠嶂，皆外背内面，如千瓣莲之紧抱者，虽数丈之脉，结作异常。又有干龙将结省郡数里，分落一枝，虽数节龙身，亦成美地。然在垣局中分落为贵，[①] 若在局外分落，必自成垣局方可。不然，虽旁近省郡，力亦轻小。以上三者，不以龙短面少为限。

特降牵连面

特降者，自高山跌落低岭胸腹，甚至跌下平地阴囊，有节泡递生，大起大伏而来。牵连者，但小起小伏，顶下不生递脉节泡，或有节泡微微起伏而不多，或如锯齿、笔架排来。[②] 牵连者，原宜开面，离祖之下不开面无妨；特降者，总须开面，行度之处不开面便假。出身处[③]最忌牵连，必须特降；行度处虽不能纯是特降，亦不可俱是牵连。特降牵连相间而来，龙势方活，牵连多而特降少者次之，纯是牵连，虽非砂体亦无力。平冈龙以收放盘旋为势，不以此论。

开肩之面

星体有开一二肩与三四肩者，有边有边无，边多边少者，或成横飞三台、席帽、笔架、五脑、七脑、九脑、六甲金水之帐，肩愈多愈佳，愈高愈贵。均停为上，不均次之。显明力重，模糊力轻。中顶尖耸者大贵，其肩要自我之大八字一统罩开，每肩枝脚面面向我者真。每肩各分八字，枝脚散乱不向我者假。开肩与不开肩，力量相去甚远，五脑、七脑、九脑、六甲龙楼，其力最大。但撞背而中顶出脉，两边开肩均停，如十字样者最少，偏过左右一二顶开面出脉者居多，只要自内分开，面面相向，不拘直来横来。惟三台格后龙撞背而来，中顶开面出脉者有之，其余罕见。

① 与省郡同垣局也。
② 笔架形与特降相似。
③ 分龙之处。

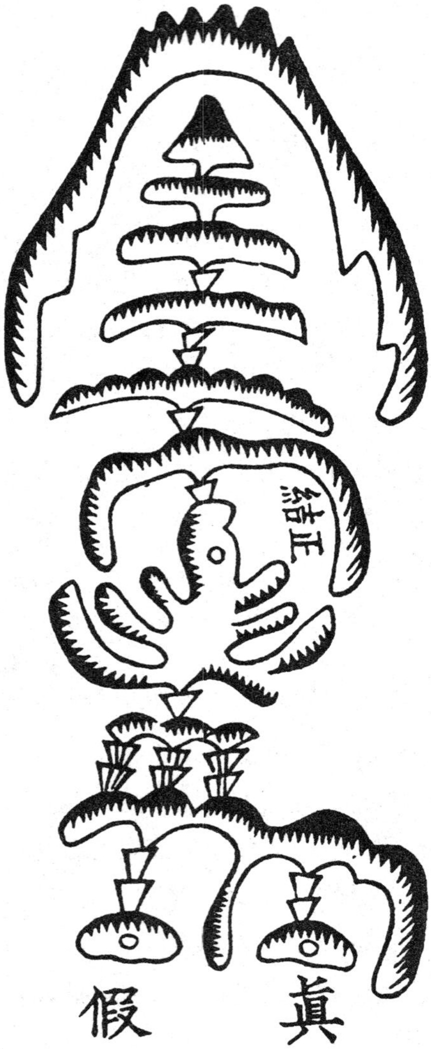
結正
假
真

六甲龙楼，六个肩胛也，三层只作一层星辰，如三层楼然。中尖者，为楼中贵人。递下三台、五脑、九脑，俱自内分开面，面面相向，穴结中腰，极贵之地。自中顶之大八字一统罩开，枝脚面面相向者方真。余枝之假三台，以旁顶各分八字，非中顶之大八字一统罩开，假。五脑势趋左角，故结小地。中出者无个字，左砂反背，假。

乳突窝钳面

长者为乳，圆者为突。出于分隐脉隐之面中，如龟鳖戴泥之状者，名隐乳隐突。出于分显脉显之面中，如垂鼻覆拳之形者，名显乳显突。隐者气嫩，只要在个字分金之面中，有矬平而来，虽不再有脱卸，即可以嫩乳嫩突为入穴之毬簷；显者气老，虽在个字分金之面中有矬平而降，必须再有脱卸，另起贴身微泡，方可为入穴之毬簷。夫毬簷者，非比来脉上高起一块即谓之毬簷也以下论毬，以毬后分开之蝉翼无一矬之峻，作伏落之势，便无还鼿之平，作泛起之形。是以两边拉下而低垂，[①] 惟中行之脉路有一矬之峻，作伏落之形于平后，故有还鼿之平，作泛起之形于矬前。是以中心顿起而有突，若无蝉翼低护于毬旁，无矬平于毬后，虽有突泡之起，亦非真毬。[②] 盖毬旁有蝉翼之分，毬后有矬平之脉，方有痕影之虾须水在蝉翼外分出，而合抱其圆唇，脉始清而活，气始动而止也。[③] 谓之毬簷者，[④] 一字有一义，两义合一物也。自其矬前平尽之处，有突起之顶言之，谓之毬；自其顶前分开之下，有矬落之塛言之，谓之簷。无毬则生气不聚，无簷则葬口不开。但毬之突起处，脉犹未止也，煞犹未化也，直待毬前有分开之微口，矬落之峻塛，如帽簷之圆，如屋簷之滴，方脉止而气吐，阴化而为阳。二者有相须之道，故合而称之为毬簷。古人谓无宀[⑤]不成穴，以丶[⑥]如毬，冖[⑦]如簷。其突起也，如淋开低阔之谷堆；其开口也，如咬去一块之馒头。又谓之孩儿头者，以毬不可饱硬，欲其有微分之隐八

① 毬后无矬平便不分蝉翼。

② 突泡无蝉翼非毬，有蝉翼方得穴腮圆胖。

③ 半山有突泡，又有毬旁分出蝉翼之背逼开痕影虾须水，方见来脉之清。再看其分出之水合抱圆唇者，更见真气之止。

④ 以下合论毬簷。

⑤ 音绵。

⑥ 音主。

⑦ 音觅。

字，微矬之平，有如孩儿之囟门在顶前微有处。簷之微平，上气方不死而动。[①] 谭氏曰："毬簷之下略生窝，葬口原来正是他。此是天然真正穴，就中倒仗岂差讹。"又曰："到穴星辰梗块全，毬簷相似穴天然，肥圆开口宜融结，葬口原来在面前。"今人误认簷在穴前，好破毬而葬，盖未见此也。[②]

若窝钳穴，顶上分开两股雌雄砂，[③] 裹定人中水于当中，俨如界水之槽，无脊脉毬簷可见，无分合界水可凭，与乳突迥别，[④] 然则无脉无毬而可穴乎？曰：脉有阴阳不同。阴脉在突上行，如人手臂之脉；阳脉在凹中行，如人手心之脉。虽有有脊无脊之殊，其呼吸浮沉之动气则一也。乳突无呼吸浮沉之动气，则亦无脉；窝钳有呼吸浮沉之动气，则亦有脉。[⑤] 盖脉之有无，在动与不动，不在脊之有无也。然则何以见其动乎？曰：亦在微矬微分、微有微平之间见之。微矬微分之下有微微之有，是气之呼而沉。微有微平之尽有微微之起，是气之吸而浮，则微矬微平，微有微起递递而来者，皆呼吸浮沉之气使然，脉随气行，气到而脉随之矣。但窝钳中之微起，非果有一块高过两边也，[⑥] 因两边分去之纹理，俱无矬无平，不见其有，亦不见其起。中间一路，独有隐隐之分心，而矬平俱有，则矬处见其有，平处见其起，[⑦] 但非如乳突之起，有分水之脊也。盖乳突是阳开裹阴，雌雄外结，故界水分开两边；窝钳是阴开裹阳，雌雄内结，故界水不分两边，[⑧] 界水不分，中有水矣，奈何？曰：水有阳会阴流之不同。窝钳中肌理分开，舒坦有肉者，水必铺开而无沟，谓之阳会水；若肌理敛入，逼陷无肉者，水必成沟而直下，谓之阴流水。谢觉斋曰："欲识太阳

---

① 毬有囟门、微有，方是孩儿头。

② 以上论乳突，以下论窝钳。

③ 即左右明砂。

④ 此指深大窝钳，形俯穴低者言。盖此等形体，两边砂高，中脉低平，俨如界水，而无显然分合，但有微微矬平，隐微分下，所谓阳脉是也。

⑤ 动气即是隐微之脉。因论窝钳，兼言乳突亦有微矬微平之脉也。

⑥ 中脉微起，脉之两边微低，旁又微高，与中间脉路相等。

⑦ 后有微矬，前有微平。平之尽处，自然是起。

⑧ 乳突为阴包，砂为阳，阴内阳外，故曰阳开裹阴。窝钳为阳包，砂为阴，阴外阳内，故曰阴开裹阳。外结者，乳突之穴本身不开口，界水从穴后显然分来，合于唇下，雌雄砂远起也。内结者，窝钳之穴本身开口，界水从穴后隐隐分来，团聚口内，雌雄砂近抱也。

金水穴，[①] 又无珠乳难分别；水来破面聚人中，水若行时脉不歇。歇时须要到三叉，气止水交方是结。淋头割脚要消详，推枕毬簷寻活脉。”是指阳会水言也。[②] 杨公曰：“钳穴如钗挂壁隈，最嫌顶上有水来。钗头不圆多破碎，水倾穴内必生灾。”是指阴流水言也，[③] 故窝钳不忌阳会水，只忌阴流水。[④] 然水虽阳会，终无分水之脊，何能使穴中无水乎？曰：有隐隐之分势，水从隐隐之分势而分去；有隐隐之矬平，水从矬平之两边分开，不从矬平之中间一直流下，故不成沟而名阳会水。雨渗入土，亦随分开之纹理两边斜斜渗去，故圹中自无水淋。是以窝钳之穴，形俯而穴低者，穴后有数丈高，庸眼视之，似为界水，而实无水淋也。然无垂头之势、唇气之吐、弦棱之伶俐者，中间必无动脉，而有水淋。故此三者，又为看窝钳之先务。有此三者，然后可看动脉；有动脉，然后可察毬簷。但窝钳之毬簷不能如乳突之显然突起，只可观其水平脐结处为穴。脐结者，其上必有一矬之嘞，如簷之滴。一矬之上，必有一平之尽，如毬之起。则窝钳之毬簷，亦即是动脉之矬平尽处也。[⑤] 故既曰“又无珠乳难分别”，又曰“推枕毬簷寻活脉”，正欲人于低冇之中，察其呼吸浮沉之动气耳。形仰者，[⑥] 去顶不远，即有平脐，立穴犹易；形俯者，[⑦] 去顶数丈方有平脐，立穴甚难。须遵“水若行时脉不歇”之语，扦于水平脐结之处为宜。[⑧] 若阴脉结穴，亦宜合眠干就湿之法。[⑨] 如凑急而扦，[⑩] 则伤龙斗煞耳。[⑪] 两掬圆抱如筲箕、金盘之形者，曰窝。两臂直垂如金钗、火钳之形者，曰钳。窝有大小

① 太阳穴法详四卷《龙体穴形》篇。

② 太阳开口阔大，具金水之体，落脉无珠乳突泡，宛似水痕破面聚人中者，即上文所谓如界水之槽是也，水行则脉行，水合则脉止。三叉者，三合水交合之处，若无此水交合，气脉尚行。扦葬其间，不免淋头割脚，故点穴必枕毬簷，此申明深大窝钳中有阳脉穴凭脐结而言。

③ 此以浅小窝钳穴结高处者言。钗头是星面，顶头破碎，水必淋头而下。

④ 阳会水有分有脉，阴流水无分无脉。

⑤ 有矬平方有毬簷，有毬簷方有真脉。

⑥ 浅小窝钳。

⑦ 深大窝钳。

⑧ 脐结者，上面微平，有隐隐分水，下面水痕交合也。窝钳大小结穴皆然。

⑨ 眠干者，上枕毬簷；就湿者，下亲合水。

⑩ 扦毬之前后与破毬凑簷俱是。

⑪ 以上概论窝钳阳脉，并言窝钳阴脉，结穴亦宜眠干就湿，总是上有分而下有合之意。以下分论窝钳形体耳。

深浅之不同，钳有长短曲直之不一，有撞背而开者，有横过而开者，有勾转而开者，[①] 俱要顶头圆净，有分金之面，[②] 内观外观，其微砂显砂，俱有外背内面之真情抱向者，方有弦菱生气。[③] 但窝无圆唇不成，钳得平脐便结。[④]

界水成沟破顶，[⑤] 窝钳并忌；界水唇下成沟，窝忌而钳不忌。[⑥]

微微窝钳，承胎而葬。[⑦] 金盘之窝穴必居中，[⑧] 侧钳挨食指根之转皮，[⑨] 合钳扦两钳尽处之胖肉，[⑩] 开钳[⑪]看后倚前亲之势，[⑫] 边钳观股明股暗之情。[⑬] 此皆易晓，惟大窝、深窝、长钳、直钳之形俯者，其低有中阳脉，呼吸浮沉之动气为最难认也，[⑭] 故致详论于此。[⑮]

---

① 一是直来直结，一是横来正结，一是勾转逆结。

② 顶不圆净，水必破面。

③ 此总承窝钳言。

④ 窝圆宽展，必须水合唇下；钳直不能宽展，故得平脐一结。上文概论窝钳得平脐结穴，此处分言窝宜圆唇，钳宜平脐者，须知窝有圆唇，上面自有毬簷，毬后水分，唇前水合，是水平脐结之显然者。钳得平脐，上有分水，即毬簷之微分；下有合水，即圆唇之隐合。因窝钳形体互异，故结穴稍有不同，其贴身分合证穴则一也。以下论窝钳所忌异同。

⑤ 破顶则无分金之面。

⑥ 窝体坦圆，雌雄砂短，唇下窝平容聚方有会合干流。钳形直垂，雌雄砂长，两砂头抱转收水，脐结处更得贴身分合，故唇下成沟不忌。以下论穴法。

⑦ 小窝钳宜插顶。古人以毬为胎，承胎者，因毬簷不甚显明，开口又小，唇气短缩，扦于顶前微靥处，如合谷穴是也。

⑧ 金盘四面皆弦稜，扦正中微突处。

⑨ 穴承钳脉。

⑩ 即玉筯夹馒头之穴法。

⑪ 即是分钳。

⑫ 看四面定穴。

⑬ 穴居界水明边。

⑭ 阳脉甚隐，高低之形，若有若无，难以体认。

⑮ 篇中评论窝钳，详言形俯穴宜低，宜认阳脉穴法，盖言其所至一者。篇终复又指出，其叮咛之意深矣，阅者最宜着眼，勿忽。

附長鉗臍結圖

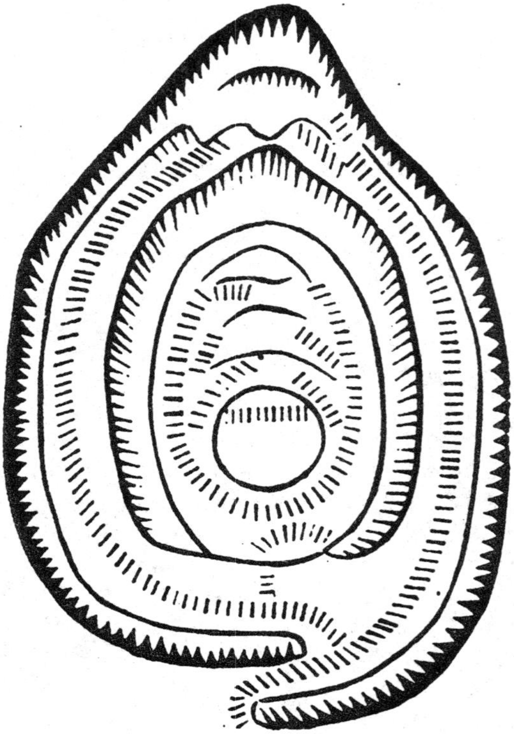

阳脉结穴图已见首卷《合割》篇后，兹复附长钳图，以明水平脐结之穴法。

附论：乳突窝钳，虽形体不同，而阴阳变化葬法则一。但乳突无窝钳不真，窝钳无乳突必伪。盖乳突阴也，毬旁蝉翼分开，抱其穴晕，此即隐隐窝钳，阴化为阳也。窝钳阳也，穴后毬簷突起，证其穴情，此即微微乳突，阳化而为阴也。所以乳突之显者，不可无隐隐窝钳，窝钳之显者，不可无微微乳突。而微乳嫩突，亦必有隐隐窝靥之穴晕，浅窝短钳，亦必有微微乳突之毬簷，以见阴阳交互，而成太极。《内照经》所谓“上有天轮影，下有土堦，中成太极晕”是也。天轮影者，毬簷肌理分开金面，如天之圆；土堦者，唇毡托起，如地之厚；两旁痕影水分垂，太极晕平坦丰隆，含太和之气。介乎其中，如男女媾精，胚胎初结，生生不息，而三才始备。故穴法多端，不外乳突窝钳。而四者结穴，总以毬簷唇毡为证。盖有毬簷，水方能分；有唇毡，水方能合。平洋《分合》篇所谓真分合者，亦指贴穴分合水言也。若天轮影边高边低，金面不正，似土堦而边凹边凸，或偏斜倾泻者，即是分不成分，合不成合，其中何能有太极晕？此惟智者明以辨之。更有弃乳扦窝，避突就钳，或有窝而葬乳，有钳而葬突，皆为窝钳无微微乳突，乳突无隐隐窝靥，孤阳不生，纯阴不化，毬簷唇毡不真故耳。

按：《内照经》以毬簷为穴星，必合四个星辰方真。曰紫微形如蛾眉，曰太乙形如鸡距，曰旺龙形如覆釜，曰木星形如玉尺。有显然成形者，有隐然出面，痕影小水界成形者，以见毬簷形体不一，故附录于此。

紫微

太乙

旺龍

木星

石山[①]

土乃山之肉，石乃山之骨，观人骨中有气，则石中有气可知。故石山亦宜开面，石八字层层分开，有矬有平，穴情真的。或石隙土穴；或两旁硬石，中间嫩石可锄；[②] 或面层是石，下有嫩土；[③] 或圆唇是石而不欹斜者。其福力惟视开面之大小多寡，地步之广狭为转移，不因石而有煞，或反得石而清贵，或得石曜而兼兵权者有之。惟穴后无石八字而石纹直生敛入，无矬无平，脉无动气，或饱硬巉岩，不开金面，[④] 不但穴中有直生尖射之石为煞，即石中土穴，亦有煞而不可扦也。

附论：《葬书》云："地有吉气，土随而起。"是验真气于土也。又云："山势原骨。"是验真气于石也。盖山体属金，金气旺盛则生石。其因气而行，截气而止，形迹较土更显，力量较土倍重。石之行也，头向前者为奔势；脚向前者为降势；两边丿乀壁立分开，是大分势；微微露起如八字，是小分势；石脉一线，委蛇曲折，出于大分小分之中，或大小相间，高低起伏，或如梯级，或如锯齿，或如波浪而来者，皆气之行也；两边平坦，中间微高如束咽者，是气之入首也。然石势雄急，非顿立开面，势不能止。其止也，如壁之立，为正开面。挺立而头俯，为垂头开面。有石毬开面而簷是土者，有土毬突起而簷是石者，或开面之下更有石脉铺出，分解开钳，中含真土，或落下不出石脉，有真土隆起，均宜认脉索气而扦，切忌斗煞。但顿立之面，高者数丈，低者四五尺，两旁之石亦必开面向我者为真。如开面而破碎欹斜，或一边敛入，或一边向外，或一直生下，无论大小高低皆假。其有两边开面，一面向正龙，一面自去结穴者，总是护砂。又有满山之石皆向一边开面者，是他山之朝应。有似开面而岩穴空阔

① 以下四篇，旧在三卷之末，因其亦论开面，列于乳突窝钳之次。

② 嫩石不但可锄，更须入水即化，无细砂闲杂者，谓之结土。结者实也。

③ 即天盖穴。

④ 无分金之面。

者，是缩气之山脚。或似壁立而零星间土，与驼出而肥满者，是山之后背。此皆开面之假也。若老山之石，滑而浑大；嫩山之石，润而多纹。在山背其纹直，在山肋其纹斜；在山顶其锋锐，在开面其纹横；石钳生于窝钳，石关生于乳突，送砂形如丿乁，顾穴势必弯环。故捍门、华表、北辰、罗星诸体，半是石山，更有石关横于溪河，为铁门金锁，其内定有大地。盖旺气自祖山发足，融结真穴于大龙将尽未尽之间，气复有余，包罗在外，近则见于下砂，远则见于水口。然石山结穴虽凭石之开面，仍以得土为真。而石纹裹转，与石山内顾，皆不可不察也。

峻山

峻山有坐、卧、立三体，星辰不开面，无动气者皆凶；开面而有动气者俱吉。非坦缓便吉，陡峻即凶也。赖太素“挂钟形凿壁而葬”，杨筠松“挂壁灯贴壁而扦”，此皆先哲之垂范。今峻山高穴，发福者处处有之。只要星辰开面，大八字有棱角，脉路有隐分之矬平，或数次，或十余次，或略有显分，仍有隐隐矬平在其中者更妙。分处是开阳献面，平处是束阴吐脉。矬下有微微之冇，即是气之呼而沉。平尽有微微之起，即是气之吸而浮。有此阴阳变化，呼吸浮沉之动气，任千般怪穴，皆可扦葬，况端正开面之峻山乎？但峻山之穴，无微窝则气不蓄，无近案则气不收，二者均不可少。

独山

《经》曰：“气以龙会，而独山不可葬也。”此惟为山谷中之单山独垄，旷野间之闲散孤山，不开面而无动气者言之。若真龙行于平地，忽然突起一山，开面而有动气者，即无阴砂缠护，必有裙襴兜收，[1] 或以水绕当山缠，或以远山为城郭，不但开脚星辰有龙虎护卫者可扦，即正体星辰无龙

① 即唇毡兜起。

虎护卫，但得毬簷蝉翼，或虬髯砂蔽棺者，[1] 亦可理葬。福力视后龙之轻重，得水之多寡而推，不因山独而减也。

高 山

高山穴，如金斗形之梁上穴，插剑形之把上穴，照天腊烛形之燄上穴，仙人大座形之囟门、膝头穴是也。其龙虎缠护，水口近案，不如低穴之可以外借，俱要本身自具，真面向里。下虽高峻，到穴如登平地。拜坛兜衿之外，犹有余地平铺，不待填砌者方可。或无生成之平，或虽有平而龙虎、缠护、水口、近案非本身所生，或虽本身生成，而无真面顾内，或虽真面顾内，而本身不开面、无动气者，俱假。即本身有开面动气，而后龙不脱卸无缠护者，僧道之地。虽有脱卸缠护，而无台屏帐峡叠出者，丁财之地。虽有台屏帐峡，而一出龙虎之外，只有本山独高，余山皆低者，仙佛之地。惟台屏帐峡俱备，送从缠护齐高，方为富贵之地。其力量大小，亦在龙格轻重，地步广狭推之。但高穴收山不收水，取天清之气居多，峰峦不秀不成。大抵贵多而富少，名高而望重。

偶有开面

或曰：有一节开面，便可言地乎？曰：必分龙、入首、入穴俱开面者方真。若分龙开面，而行度山顶，及入首入穴处，半山与毬簷俱不开面者假。惟到头穴山，出脉之化生脑，递脉之突泡，临穴之毬簷，俱开分金之面，有矬平呼吸浮沉之动脉者，必能结地。大小久暂，当看后龙。

① 虬髯，贴穴两边之护砂。

泛头不开面

或曰：山体开面者，有不开面者混于中，奈何？曰：不开面为泛顶，惟分龙、入首、入穴处忌之。见于行度处，当视其多寡，泛顶少而开面多者，定是真龙；泛顶多而开面少者，得分龙、入首、入穴开面，犹不失为小地。分龙、入首、入穴俱不开面，才是砂体。

山洋指迷原本卷三

太祖

《经》云："只要源头来得好，起家须是好公婆"。故论祖宗者，必以出身之太祖始。大干龙太祖，在数千里之远，特起名山，跨州连郡，高大插天，万派之山，皆祖于此，所谓权星是也。①

凡一省一郡，各有权星，仙佛王侯卿相之地，必本于此。小干龙太祖，在数百里之远，亦必特达，高压众山，或成龙楼宝殿、金鸾琼阁诸形，所谓尊星是也。正干正结之地，必本于此。枝龙太祖，即大干龙之分枝，亦有远至数百里、数十里者。贵者台屏帐盖，其次大面星辰，再次小面星体，所谓雄星是也。太祖虽远近不同，均须开极大之面，大八字、大护带亦多，行度处辞楼下殿，降势跌断，两边护从冈阜多者为正龙贵格。如大八字小，护带无多，行度处辞楼不作降势，或但有牵连之形，两边护从冈阜少者，为旁龙贱格。② 缪仲淳曰："山分八面，出各有枝，势之所向，其结必多"。又曰："众皆趋跄，我独张扬。"皆辨贵贱正旁之捷诀。盖出身处关系最紧，前途虽远，莫不预定于斯。管氏曰："远夺天地踪迹，已形于此出脉。"正指此也。③

---

① 权星大抵多是土金之体。盖惟土金方能绵亘。若水木火星体流动，卓立而分形，多作近祖。

② 此在太祖分龙处辨其优劣。

③ 此篇因太祖而兼及分龙。

分龙

分龙即出身处,[1] 杨公谓之源派，定祖宗，穷水源，察长短，辨真假，审力量，莫不于分龙处观之。[2] 未分龙以前，虽有高峰大岳，乃众山之祖；本山太祖，必以分龙处为是，故以之定祖宗。未分龙以前，虽有千溪万壑，乃众水之流；本山水源，必以出身处旁分两水，夹送龙身，渐以成大，会于局内与外明堂者为是，故以之穷水源。未分龙之前，虽有千里之龙，乃众山所共，无与本山之短长；必以分龙处来历千里，便知有千里之龙，故以之察长短。未分龙之前，虽有至贵之龙，无关本山之真假；必以分龙处开面出脉者为真龙，否则是假，故以之辨真假。未分龙以前，有至美之龙，如祖父富贵，可以福庇子孙，然必分龙处星辰开面，肖其祖父，方承其荫。若开面不美，祖宗虽美，意必他属，纵有结作，小地而已。又如未分龙以前，有至粗之龙，如祖宗贫贱，不免贻累后裔。若分龙开面星辰，仍类祖宗之粗蠢者，方可限之。如变粗出嫩，前去定结美地，故以之审力量。是以分龙处要开好面之大星辰，子微曰："分龙要起大星辰，不起星辰气不生。"要蝉翼护带，董德彰云："出身处有蝉翼护带，前去必结大地。"要线脉鹅顶而不顾人，蔡氏曰："出身处线脉鹅顶，方见来历之真"。[3] 要翔舞自如，杨氏曰："真龙屈曲不朝人，挺然直出势最尊"。要有屏帐，卜氏曰："出身处列屏列帐。"要峰峦成座，子微曰："龙无星曜低低去，此是贱龙出身处"。要盘旋曲折，又曰："龙行身直不回翔，此是死龙多不祥"。故龙之贵贱生死，只在分龙出身处定之：出身美而到头不美，必有闪结，到头乃其伪气；出身不美而到头美者，必是小结，不悠久也。

---

① 分龙者，太祖山之出脉，前去龙身自此分出也。

② 分龙与分枝不同。分枝者，从大小干分出也。

③ 线脉者，出脉细软。鹅顶者，山头如鹅顶之突出。线脉于项下胸腹间也。

中出偏出

山龙中出偏出，凡开帐落脉，高大星辰，皆当并论，惟太祖出身处为最重。此而中出者，前途所出皆中，即行度处偶有偏闪，其大势自然不离于中，力量自重；此而偏出者，前途所出皆偏，即行度处间有中出，其大势自然不离于偏，力量亦轻。其所以偏出中出者，气禀之有厚薄也。禀气厚者，正而不偏，或先正而后偏，其力轻重可知；禀气薄者，偏而不正，即间有正出，或偏重而正轻，或偏真而正伪，其间不可不辨。今人薄偏喜正，大都不顾其真伪重轻，曷不以中出偏出之间，视其开面之有无衡其优劣？

应星

应星者，太祖前之再起星辰，以证应其所受之真假贵贱也。盖太祖尚是分派众共之龙，惟应星是穴山独受。无应星，太祖虽美，其注意不在此。有应星不开面亦假，粗而不文秀者不贵。高大与太祖并峙，尊卑失序，须略小乃颖异。合尖圆方三吉之体，开面端庄，方足证其所受之真贵。杨公曰："看他辞楼并下殿，出帐耸起成何形。应星生处别生名，此是分枝劈脉证"。[①] 吴氏曰："寻地先须认祖宗，更于离祖察形踪。辞楼下殿峰峦秀，预识前途异气钟"，皆指应星言也。[②]

辞楼者，如臣辞君，客辞主。下殿者，自殿顶而下，至二檐三檐，直到阶陛也。辞与下者，即特起特降之谓。然必先下而后辞。不特地而降，缓缓牵连而降者，不得谓下殿；必须自山顶下至山麓，方成特降之势；不特地而起，缓缓牵连而起者，不得为辞楼，必须离祖数里，顿起大星辰，

---

① 楼殿喻太祖山高大。辞与下者，应星也。

② 二诗前一首言应星辞楼下殿，合尖圆方吉体者，可证龙身之贵。后一首言应星特起特降，峰峦秀美者，可证前途结地之大。

虽不可与太祖相并，亦须成座尊严，布置地步，堪为次祖，如此龙方有势，前去必成大地。行度之间，亦须特降特起，有一二座峰峦耸拔者，方是贵龙。楼殿惟干龙有之，枝龙即无。然其陟降之势，亦宜如是。若牵连而断不成断，起不成起，起不即起，断不即断，所结必小。

祖宗远近

《经》云："祖宗积累有根基，子孙终须与人别"。所谓积累者，非徒一太祖，一少祖也。少祖以上，其间低小星辰，可以无论。凡有高大出众星体，不论多寡，均为远祖远宗。以历代积累根基甚厚，故子孙发达亦长。祖宗节数多者，力大而久；节数少者，福微而短。干龙长而祖宗多，枝龙短而祖宗少。分挂枝龙，无特起之少祖，况远祖远宗乎！凡远祖远宗，开面地步与太祖同论。但太祖如开创者，所关最大，开面不美，地步不广，便非贵龙。开面地步俱无，即是砂体。远祖远宗如守成者，关系少轻，面小星粗，无伤大体。惟近祖近宗，星辰丑恶，开面全无，出脉如急牵线、覆鹅毛者，虽远祖远宗甚美，亦不能裕后，行至此节，不免灾凶。若开面星辰胜于太祖太宗，行至此节，必致富贵。故远祖远宗虽关休咎，而近祖近宗更系祸福也。

少祖

将入局数节，特起大星辰，为少祖。廖氏谓之主星，[①] 比太祖远宗关系犹紧。《入式歌》云："若是山家结穴龙，定起主星峰。主星大小合龙格，造化便可测。"言结穴之龙，得特起之少祖作主星，合龙格也。上格应大富贵，中格次之，下格又次之，贱格小康，凶格应凶祸。台屏帐盖，成座大星，缠护叠叠，上格也；开面尊严，星成大座，缠护不缺，中格也；开面端庄，星成小座，龙不孤单，下格也；牵牵连连，前后相等，无特起特断之星辰，贱格也；虽有特起星辰，粗蠢丑恶，凶格也。星辰高耸

---

① 高压众山，堪为一方之主。

而不秀丽，不开好面，亦凶格也。不入格之少祖，可以无论。成格之少祖，在穴后二三节间，其力重大。若离祖太远，则无力，结作寻常。得穴后一二节间再起开面好星辰，方能融结大地。《入式歌》云："二三节后合星辰，福力实非轻。节数远时福力少，再起主星妙。"语云"穴坐主星，当代出贵"，即此意也。

龙格[①]

今人见元武后一节之顶，以父母名之；二节之顶，以少祖名之。后龙许多节数，俱以远祖远宗名之，并不论分龙长短，星辰吉凶，漫谓之祖宗，无怪大小不明，祸福莫辨也。必须察分龙之长短，方可定祖宗之多寡；观星辰之吉凶，乃可推后代之应验。

如龙身短者，分大龙一二节即入穴，分龙便作太祖，入首便为元武，而无少祖远宗。盖未分龙之前，虽有许多节数，众龙共之，本山只分其旺气，不得认为已之特祖，故曰"挂祖分受，发福不久"。又如龙身长者，虽有许多节数，若不特起高大星辰，但低小牵连，兄弟相若而来，两边护从少者，不得夸龙长而祖多也。如此者，虽有开面，不过四五等格。又如虽有特起高大星辰，若不跌断成势，对看似成星体，横看牵长一条，亦不得夸祖宗之高大。若此者，面必不大，从必不多，亦不出四五等格。又如虽有顿跌星辰，若不能特起特降，开面成座，枝脚横铺广远，但伯仲相若，形如锯齿之齐，枝脚短缩而不扬者，亦不得夸星峰之秀。如此者，虽节节开面，不过三四等格。必有成座特达之星，开大面而出低脉，前后间星主于其间，[②] 大小收放，相间而来，送从之山亦起星峰拥护，方为三等格，中富中贵，翰苑科甲之地。若有开肩展翅，列屏列帐，成座尊严，占地步广阔之大星主于其间，行度处大者极大，小者极小，收处极收，放处极放，如祖孙父子相间而来，送从之山叠起星峰卫护，有聚讲、行讲、坐

---

① 上篇嵩论少祖贵贱，此篇统论龙身以定优劣。

② 雪樵子曰："间星有二：星无变化要间断，有变化要间出。"间断者，寻常星辰亦可。间出者，须如鹤立鸡群，一见令人刮目。

讲之气象者，方为一二等格。凡圣贤、仙佛、后妃、王侯、将相，大富大贵之地，规模大抵如是。故辨地之大小，只在星辰极尊不极尊，地步极广不极广，肩胛停匀不停匀别之。又有近省城之随龙穴，与出洋之大旺龙，枝枝结果，节节开花，但分得大龙二三节，或只得贴身一挂，护从多而面大者，大富贵；护从少而面小者，次之。倘山体小巧细嫩，不能复开大面，而得砂水真向者多，即与大面等。盖后面原是一二等龙身，来自数百十里之远，帐峡多而脱卸净，一节胜彼百节，故龙不必长；一尺胜彼百尺，故面不嫌小。

枝干

龙以枝干名者，以木喻也。木自根达于巅曰干，旁出曰枝。干复分者为小干，枝复分者为小枝。大枝即枝中干，小枝即枝中枝，故有大干小干，大枝小枝之别。古人定枝干法有四：有以水源长短定者。如大江大河夹送龙身者为干龙，小溪小涧夹送者为枝龙。或一边大水，一边匝水；或一边小水，一边大水夹送者亦为枝龙。有以云雾有无定者。如高峰大嶂，其巅常有云雾者，为干龙；低小而无云雾者，为枝龙。有以星峰有无定者。如浑厚博大，不起星峰者为干龙；秀丽顿跌，星峰多者为枝龙。有以峡中人迹多少定者。如干龙数千里而来，断处多系省郡通衢，峡中人迹繁多；枝龙数里一断，断处为乡村小径，人迹稀少是也。予定枝干亦有二法：一以峡中所到两边大界水定之，大干龙峡中所到大界水，必数百里而来，小干龙数十里，小枝则里许而已；又以太祖分龙处细审落脉，正干必纵横自如，不顾他人；旁枝必环抱护从，面面相向。枝干之分，二法亦可尽之矣。

然枝干不可以长短论，有枝长而干反短者。盖干龙每从腰落，而旁龙前奔数十里以作护卫，若不以地步广狭，开面多寡大小辨之，何以别其重轻，分其主从乎？但干龙结穴，有脱嫩而结，亦有不脱嫩而结，其正传嫡支，又有混于众枝之中，似难分别。惟以节节开面，纵横收放自如，护从环向多者，为正干龙。分枝挂枝，亦有大小不同，仍以护从多、地步广者为优。又如分枝并落，共一龙身，欲识其轻重，亦以此法定之。

老嫩

龙身老嫩，以木喻最肖。盖高山穷谷之中，万山于此起祖，众水于此发源，龙极老而不结地，如木之根本处无花无果也。迨其行行渐远，至半洋半谷之间，一边大水尚行，一边小水已合，龙身渐嫩，而地亦渐结，如木之分枝处，渐有花果也。其分枝有老嫩不同，轻重不一，只以开面大小，地步广狭衡之。迨其愈行愈远，至大江大河、大湖大海之际，万水于此同归，正龙于此大尽。其将尽未尽之间，乃龙之最嫩极旺处，结作多而力量大，如木之正干正枝，花果极盛也。盖老山起祖，开面方始，未经脱卸，水初发源，少有会合，即有分出嫩枝，力量微薄。及行至半腰，开面渐多，脱卸渐净，有小水可收，渐能结地。若大龙将尽未尽之间，历数百十之帐峡，经千百十之开面，脱卸极净，诸水皆聚，各开好面结地，所谓枝枝结果，节节开花也。但结地处仍以砂水多者为胜。是以山谷之间，必有数十里来龙，数十节开面，台屏帐盖，缠护多而地步广者，方结大地。若大龙将尽未尽之处，只有里许龙身，数节开面，或一二节开面，有一二座台屏盖帐者，亦成大地。是一节胜彼百节，小面胜彼大面，一股缠山，胜彼数重关锁，小山砥柱中流，胜彼数重大山塞居水口也。

至于枝龙出洋尽处，与干龙结正穴后之余气，虽与山谷间之例有别，若本身不开面出脉而无穴情者，不可以为脱卸已尽，寸寸是玉而扦之。然山谷龙身，节节开面，跌断多者，亦曰嫩；出洋星体不开面，或偶有开面而无跌断者，亦曰老。[1] 故山谷亦有大贵地，出洋尽多下贱龙也。有等大龙行度，倏变为低小星辰，开面起伏而出嫩枝，不数里，忽变为高大粗蠢，不开面起伏而成老山，及至数十里，又变老为嫩，嫩又变为老者。总之，老处分结少，嫩处分结多。老处分结，非数十节不能成地；嫩处分结，数节便成美地。

① 平洋特起高大粗蠢山，开面而无出脉者，系他山用神，如北辰、捍门之类是也。

内外

龙有盘旋之势，即有内外之分。既有内外之分，即有轻重之别。[①]

如大龙左旋，则左为外而右为内。两边分结之地，必左少而右多，左轻而右重。大龙右旋，则右为外而左为内，两边分结之地，必右少而左多，右轻而左重。[②] 盖外边如背，逼近大江大河，水浩瀚而风吹气散，山亦多粗；内边如面，包含小原小坂，水细小而气聚风藏，山亦多嫩。故内边略挂一枝，胜外边特发数节，外边数十节龙身，不及内边数节之力。内边即傍门借户，略有包裹便结；外边非自立门户，数重环抱不可。外边惟恐见大水，只见一线无妨，枝龙不纳干水故也；内边惟恐不见大水，任是洋朝愈妙，自家血脉故也。如杭城之南山，右旋者也，江干为外，西湖为内。孤山，左旋者也，古荡为外，西湖为内。傍西湖结地者，不止数百处；傍江干、古荡结地者，不过几处而已。内边大富贵地，不可枚举，皆是傍借门户，见西湖者尽多。外边惟江文昭祖地在眠牛山下者，果为大地，乃自立门户，不见江水。其龙亦自有帐峡，特出数节方成。西湖大地，但得一节而结穴者尽多，此内外轻重之徵也。

---

① 内外者，局内局外也。假如一枝大龙结穴，两边必有帐作包裹，在帐内结者为局内，在帐外结者为局外。局内结者力重，局外结者力轻。

② 此内外就盘旋之势言之。左旋者，以右为内；右旋者，以左为内，言其势之所抱向者为内也。

开帐

廖氏曰："大凡开帐要中出，角落未为吉。左出为轻右更轻，轻重此中分。"又曰："十字帐为上，丁字帐次之；金水帐为上，水星帐次之。"[①] 蔡氏曰："开帐穿心，如人之有肩，如弓之有弰，阔者数十里，或六七里；狭者一二里，或一望之远；最大龙身，分布一二百里：凡此方为正穿心。"[②] 三五丈间，不足为正穿心，不过中心正出之龙。三五十丈者，只谓之小穿心。余止娱蚣节而已。所谓正穿心，不能多见，数十节间，或止见四五节，或一二节者，其余亦须不离中心出脉，传变不杂，气脉不散。而正出之间，或之玄飞走，或抛梭袅鞭，或蜂腰马领，或凤舞鸾翔，或蛇曲蝉脱，或登阶降陛，变换不一。只要龙身真正，不必定泥十字穿心，即间有丁字帐，亦为贵格。

有等穿心之格，帐梢又起圆峰，高峻丰厚，自带仓库者，主大富。又有开帐之前，中间细脉垂下，突起俊秀之峰者，为帐内贵人，主大尊贵。又有穿心出脉之帐，两肋高起圆峰，不与本身联属，侍立两旁者，为暗库星，主富盛而多姬妾。然小穿心蜈蚣节已为难遇，况开帐正穿心乎？至于贵人、仓库，犹为罕见。

或曰：帐有真假乎？曰：在帐中出脉开面者为真，否则是假。但此就统体而论，如后龙祖宗甚美，前而子孙俱开好面，占地步多者方佳。若祖宗不美，胎息即子孙受伤，中间虽有一二节穿心帐，亦作假论。如《玉尺经》所谓尹琼姬祖地是也。若横龙分降，借势为帐者，须前途自开好帐，即借势亦为有力。不然，不足恃也。

或曰：帐字何义？曰：古人以行军帐喻之，谓出了后帐，又开前帐，如行军帐一日一移也。《玉髓经》云："帐者，障也。"谓横开广阔，能障

① 十字帐，穿心中出；丁字帐，直来转横，亦中心出脉。开肩明显者为金水，模糊者为水星。

② 后龙撞背而来，中心出脉，即十字穿心帐。

其风，不使吹脉，障住外山外水，不使逼近龙身，即是占地步之广。[1]

或曰：帐角结地，能减正龙之力否？曰：开帐面小，护带少者，不能跌卸而去，枝叶自疏，帐角何能结地？如穿心帐开面极大，护带亦多，跌卸而去，枝叶自茂，定有融结。若正龙开帐面小，而帐角反开大面，岂惟减正龙之力，旁者反为主矣。否则，帐角分结，犹见正龙力量之旺。帐角又有帐峡，犹见地步之广。其轻重亦随正龙，惟富贵终有正旁之别。初落之帐角分结，力尚小；中落之帐角分结，力渐大；分枝挂结亦然。小龙小帐，不能有此。

盖护枝叶

龙身所分，开帐之外，总名枝叶。分之则有数名：自逐节分出者，为枝脚桡掉；自祖山分出，随龙同行，不到穴而先停止者，为送；随龙同行，而先到穴前，回旋作护者，为迎；横障穴后，不抱左右者，为托乐，又为之屏；特起大星辰，分开大面，肩翅长垂，两角盖过数节数十节者，为盖护；盖过龙虎为缠护；护龙起秀丽之峰，端拱于穴旁左右者，为来辅；端拱于穴前左右者，为侍卫；端拱穴后左右者，为天乙、太乙；端拱峡之左右者，为天弧、天角、日月、旗鼓；端拱帐下左右者，为暗仓暗库、金童玉女。总是龙之本身分出，所以卫护龙穴者也。不自本龙分出者非。然本身已成贵体，得他龙真面相向，虽非本身分出，亦可借用。若背来驼我，或无背无面，即本山分出，亦无益也。

或曰：护盖枝叶，必宜兼有。或有此而遗彼者，如枝脚短少，无护盖可乎？曰：若逐节枝脚停匀，交互适当而长远者，不必祖山之盖送，如梧桐、芍药、蒹葭之类是也。如自近祖分出，两股护砂能盖过数节者，不必逐节枝叶长衍，即无枝脚亦贵，如上天梯、串珠龙、芦花鞭、金钟、玉斧、卧蚕吐丝、九天飞帛、仙带飘空、金蝉脱壳、玉几临轩之类是也。又如近祖一边无盖护，一边生枝脚，一边无枝脚者，则无护盖一边不可不生枝，有边不须生枝，如杨柳枝卷廉殿试之类是也。又如自本身分出零星墩

---

① 帐有二义：横开广阔，如一字屏者曰障；分开大八字，而包裹到头者为帐。稍有不同。

阜，如飞花片片、寒鸦点点之形，两旁拥护者，不必显有枝条，长垂盖护，亦为贵地，如芦花袅、换骨龙、落地梅花之类是也。若既有近祖之盖护长垂，又有逐节之枝脚繁衍，非都会之大干龙，占千里之地步者，不能有此。若护盖俱无，枝脚又少一边者，公位有亏。两边皆然，神庙之地。有等出洋龙，在大田大坂，傍大江大河，既无盖送，又少枝脚，或以高田作护卫，或以水绕当山缠，而穴山开面，出脉屈曲活动，有矬平、呼吸、浮沉之动气者，便是富贵地，如之玄单独龙之类是也。然究其远祖，必有屏台帐盖之格，送从缠护之多，来龙长远，脱卸净尽，方能有此。不然，淮杨一路，平坦无山，何以亦有大地？而平洋单独龙，何以尽多下贱者，总宜究其来龙贵贱，送从有无，然后定其优劣。缠龙在山谷，愈多愈贵。托山，非横山无降脉者不须；夹辅，有龙虎不必；侍卫、天弧、天角，非大贵龙不能有之。既成大地，无亦何碍？

或曰：龙身短长，枝脚不称，可乎？曰：龙长远，枝脚亦宜长远；龙短小，枝脚亦宜短小；龙高大，枝脚亦宜高大。龙长远，而枝脚短小，为枯龙；龙短小而枝脚长远，为刦龙；龙高大而枝脚低缩，为独龙。盖枝脚贵停匀，若偏枯为病；宜顺护，反背为逆；宜圆净，尖利为煞；宜秀丽，丑恶为贱；宜整齐，散乱为荡；宜合格，贵形吉形为吉，贱恶为凶。故龙之贵贱不同，其美恶亦形于枝脚，观枝脚之美恶，龙之贵贱可知矣。

过峡

古人论峡，以出脉偏正定吉凶。正者，两边有护送，为吉。偏者，一边无护送，为凶。子微论峡，则以护峡山形论吉凶，吉形贵形夹护者吉，反此者凶。予但以开面出脉为重。开面者，虽旁出力轻，犹不失为真龙；不开面出脉，虽中出无益。如护峡山，外背内面者，吉形固吉，凶形不过吉中之疵。如背来驼我，或无背无面，凶形固凶，吉形何取？有等过峡起脉之山，亦如降脉开好面者，此行龙脱卸，将尽未尽，必有分枝挂落之地，前途可觅。

阴阳峡者，即雌雄峡也。如匠人雌雄榫一般，一边开窝而落脉者为雌，一边走珠而起脉者为雄，[①] 或雄落而雌受，[②] 雌边虽有窝穴，葬者未能得福。[③]

或曰：高山之上，并无跌断，无峡可知，亦结大地者何？曰：古有高山峡之名，盖山上架山，另辟世界，则山上自有平地，其起伏跌断处，即谓之峡，但在下面仰视，则不能见。其实，高山之上有平地，即有跌断。若无帐无峡，不另辟世界，何能结地？

崩洪峡者，穿江过河之石脉也。石脉从水中过，是山与水为朋，水与山为共，故曰崩洪。惟平洋江河中有之。盖平洋数千里来龙，至大江大河，势不能住，则渡水而过。其过也，必开帐作势，两边枝脚一齐涌来，如鸟之将飞，必先矬其翅而起。石骨过处，水必两分，[④] 但水面不能见耳。山谷水跌泻溪涧，两边山脚石骨虽连，而彼岸田水，不随龙势前行，反流入过龙河中，即在平洋，只以山脚论，并非过龙，谓之崩洪峡者非。[⑤] 然渡水之龙，亦必开面，方有一脉透过，中有龙脊，其水两旁分流，或上面之水向一旁流去，而河底水亦必两分，故云“非石骨不渡水”。但博到无山处，硬土亦能渡，只要中浅旁深，若不开帐作势，枝脚边有边无，来不汹涌，水中虽有石骨，彼岸虽有墩阜，只以星散零断论。至于穿田渡水，则以河滨来去为凭，虽在极平处，仍有浜脚墩阜可证。

玉湖峡者，当脉横生池湖，脉在水中过也。天池峡者，峡旁各生一池，或只一边有池，一边低田低地，脉在中间过也。玉池峡者，当脉中心生池，脉在两边过也。其水是龙气停潴，非因雨积。池湖是造化生成，非人力穿凿。深大力大，浅小力小。四时不涸，清而不浊者贵；忽然干涸，浑浊腥臭，衰歇之兆。果是龙楼殿阁之祖，台屏帐盖之龙，节节开面，地步广阔，有此更证其贵；中等龙见之，亦只寻常；下等龙见之何益？故只观其地步之广狭，开面之多寡，龙格之优劣为主。

---

① 凹为雌，凸为雄。走珠者，凸上节泡递生。

② 雄落者，落脉凸而有脊。雌受者，开窝递脉也。

③ 开窝递脉，真气未止故也。

④ 龙渡河，水必左右分流，方是过河之脉，其力自大。石骨形象不拘。

⑤ 龙既渡河，则龙势前行，水自随龙脉前去。若反流入过龙河中，仍是山脚相连，非渡水之龙也。

古云“峡前峡后好寻龙”者，以龙身逶迤路远，将过峡，久勃之势昂然而起，旺气一聚。过峡后方兴之势跃然而起，旺气亦一聚，必有旺气透于两边。一开面降脉，即借峡中之迎送为门户，而穴易成，或自立门户更妙。然惟嫩峡有此，老峡则否。[1] 骑龙穴顺骑固须开正面，穴前周密容聚，俨如前面不去；倒骑亦须倒开正面，左右砂层层回转，俨如背后生来，环抱有情方妙。然峡前峡后，分挂一枝结地者，十之八九；骑龙结穴者，十之一二。

或曰：今人见山跌断，即以峡名之，并不问迎送有无，无迎送者亦能结地否？曰：峡间有迎送者，惟大富贵地如是。小龙止有跌断，何能有迎送之砂？但跌断而得开面，出脉前去，亦结小富贵地。不开面而跌断，方在所弃。至小枝龙，并跌断亦无，何能有峡？惟视其开面有无、多寡而已。有等大龙来处，过峡重重，俱有迎送。至入首数节，只跌断而无迎送，亦成大地，不可以到头但有跌断无迎送短之。

按：骑龙穴居龙脊，后有两砂送，前有两砂迎，似雌雄峡者真。前两股包后两股在内，则顺骑；后两股包前两股在内，则倒骑。出晕在侧，砂必边高边低，或边顺边逆。坐高枕顺，向低收逆而横骑、倒骑。四正无偏，则居中骑之。斩关则无穴晕，正脉前行，借峡中迎送，如骑龙体段一般，剪裁得法亦发。有余枝前去数节而后止者，亦名骑龙。若前去只有一节，便大水会合，则为斩关。主山耸秀，亦能催官。然骑龙、斩关，以横骑为上。顺骑须凿池截气，开沟放水。倒骑惟高穴有砂水自具，若低穴则不能收水，故曰雌边未能得福。

① 节节开面，枝叶旺盛，龙势盘旋，有蜂腰鹤膝者为嫩峡。牵连小面，枝叶稀疏，龙势径直腰硬者为老峡。

附雄落雌受峽圖

入首

入首者，到头数节也。子微论龙格穿落传变，与廖公、李氏之论龙格，皆以此数节定吉凶贵贱。盖太祖太宗犹是远龙，惟此处最为切近。若入首不美，祖宗虽美何益?① 入首既美，祖宗必美可知。故寻地捷径，必以入首数节为主，开面者真，不开面者假。② 台屏帐盖，成座星辰，护卫砂水重重真向者，富贵；牵连小面，单砂单水拱向者，小康。

胎息孕育

语云："千里来龙，只看到头一节。"《赋》云："入首成胎，犹防死绝。"故胎息孕育，比入首更为切要。③ 此处不成，穴必他闪。"盖元武后一节为父母。④ 父母开面出脉为受胎。开面者，阳气发舒之象。出脉者，阴气束聚之形。开面处有垂头，是俯而施之之象。出脉处有还龥，是仰而承之之形。阴阳相配，俯仰交孚，则受胎也。胎前跌断，细如蜂腰处，谓之息，如母之受胎而养息也。⑤ 玄武顶前，⑥ 有隐分隐矬之微冇，是气之呼而沉。又冇前起贴体微泡，为化生脑，是气之吸而浮。化生脑前亦复有微分微矬之呼而沉，微平微起之吸而浮，谓之孕，⑦ 如母之怀孕。而孕之呼吸浮沉，与母息相通也。⑧ 孕下起孩儿头，⑨ 开端然之面，又有隐分隐矬，

---

① 必有他结。

② 寻地有二法，有自祖宗寻起，随龙看到结穴处；有自结穴处逆寻到祖山。然结穴既美，后龙必美，故从结穴处逆寻到祖山者为捷径。

③ 《大成》云："主星后一顶为胎，胎下束咽曰息，主星顶曰孕，成穴处曰育。

④ 穴山之盖山是也。

⑤ 此论父母山开面出脉。

⑥ 是穴山顶前。

⑦ 此论化生脑开面出脉，孕以化生脑为主。上自穴山顶前，下至半山递脉节泡，统谓之孕。

⑧ 言孕之前后，呼吸浮沉与父母山之气脉相联也。

⑨ 即临穴之球檐。

微有微起之动气，谓之育，如子离母腹，而自具呼吸沉浮之动气，故能育也。[①] 是以胎息孕育，全在开面方成。而生机又在呼吸浮沉之动气也。

附论：古人论胎息孕育，有始于少祖山，有始于父母山，又有以球檐为胎，而息与孕育亦异者，何也？盖万物之生，莫不有胎。天地亦一物也，太极未分之时，包天蕴地，浑沌即天地之胎。人之胚胎，亦混沌之象。及乾坤定位，而寒暑递更；男女攸分，而子孙相继，即寓息与孕育之义焉。山川亦以二气成形，得扶舆凝静之气高压，天下名山，绵亘东西南北，不知几万里者，昆仑是也，万山之派始于是，万山之胎亦成于是。其分枝劈脉，即是息也；各都各郡，特起名山，孕也；建都建邑之地，育也。以龙身发脉论，当以太祖山为胎，分龙为息，小祖山为孕，穴山为育。以行龙入首数节论，当以少祖山为胎，过脉为息，父母山为孕，穴山为育。先生以父母山为胎，出脉为息，穴山化生脑为孕，孩儿头为育者，以其切近也。然此就大山博换小山，出脉结穴者言之，若仅系穴山三分结穴者，则当以穴山化生脑为胎，垂头出脉为息，半山突泡为孕，球檐为育矣。其以球檐为胎者，亦可递推。《乳突窝钳》篇所谓承胎而葬，《堪舆经》所谓点穴须扶息是也。故古人论虽不同，意各有在。先生因其意而申明之，盖以切近最要者言也。

裀褥唇毡

裀褥者，坐下之软肉也。唇毡者，穴前之余气也。有裀褥方有唇毡，则唇毡又为裀褥之余气也。分而名之，穴前平仰圆收者为唇，唇下又铺一层平仰肉者为毡。有唇短而毡长，有唇长而毡短，有唇毡长短相等者，总宜有仰起托起之势，两角收上，中央弹出，四体宽平，不欹不削者为真。开口穴唇吐口外，乳突穴唇吐襟内。有口无唇为空穴，有唇无襟为死穴。襟者，唇旁之两砂兜收也。口开阔大而长者，口内应有小唇。突生脐靥而凹者，唇内宜有小口。临田无近案者，唇毡俱全为妙。在山有近案者，只有唇收便佳。高结之穴，圆唇非长大平坦而兜起不可；低结之穴与有近案

---

① 此论球檐开面出脉。

者，只要有兜起之意，稍峻无妨。其唇短而高起者，毡宜阔大；唇长而平坦者，毡短亦无妨。若似反弓鳖裙者，地必假。盖唇毡是裀褥之余气铺来，无唇毡则裀褥亦假，故所谓裀褥者，不惟穴旁坐下宜有，穴后穴前亦宜有之。穴旁无裀褥，则无胖腮；穴后坐下无之，则不和软；[1] 穴前无之，则无唇毡，何以成穴？惟有裀褥，自有唇毡，不致敧斜尖削，而见其余气之旺也。余气旺者，虽小地亦发人丁，左边多者长盛，右边多者幼盛，面前多者，众房同盛。

或曰：每见穴前数尺余气，子孙则多；大片余气，子孙反少，何也？曰：穴前虽有余地，而非本身铺出，或从左或从右铺来，而一边界水，隐隐从穴前割脚过者；或左右俱铺来，而两边隐隐界水，从穴前割脚合者；或从本身铺出，而无托起平仰之势，如覆鹅毛之削下，龟背之有脊者；或虽托起平仰，而穴后不开面，无矬平者：虽穴前铺出一片余地，皆非余气也。盖气随脉行，脉随气止，气脉凝聚，自然四体融和，精神发越。一边界水割脚而过者，必唇侧而无毡；两边界水割脚而合者，即有口而无唇。前无唇毡，穴无气脉也。不能托起平仰者，生气不收也；如覆鹅毛龟背者，阴煞不化也。后无矬平者，即无动脉，脉死气散也。气尚无有，何能有余？真气既无，虽有余气何益？此皆裀褥唇毡不真故也。余气少而丁旺者，可不言而喻矣。

余气[2]

古云："大地多从腰里落，迴转余枝作城廓。"余枝，即正结之余气也。盖龙如瓜藤，瓜之结实，多在藤腰，及将尽未尽之间。近根之处，正藤之杪，即有所结，不堪为种。真龙结穴亦然。正穴既结，其余气或从龙虎肘外，或从官鬼前后，及缠护禽曜边曲折而去。或山或地，或作水口，或成阴地、阳基，有数里而住，数十里而止者。[3] 无论远近，去而不结者，

① 穴后即球檐之后。

② 此篇论龙身余气，与前篇论穴前之余气有别。

③ 只要真情拱向。

力小；去而结地者，力大。故省郡之大干龙将尽处，闪落一枝结穴，而以省郡为用神者，封拜之地。《经》云："余气不行数十里，定然不是王侯地。"盖小地以砂为用神，大地以正龙为用神，如韩信将兵，汉高将将也。惟分落之小枝，如结瓜之子藤，但得独立门户，自然风藏气聚，不论前去余气有无。然所谓余气者，内观外观，俱要真面向我而后去，去而复回顾者方真吉。[①] 内观似向，外观似背，远砂似向，而近砂反背者，乃鬼山也。《撼龙经》曰："鬼山亦自有真形，形随三吉辅弼类。九星皆有鬼形样，不类本身不入相。"故真龙之鬼，自有种类。有此龙必有类形之鬼，而小枝龙则另生头面，不与本山类形。是以余气、鬼劫、小枝龙之鬼气，三者又各有别。

论地步本于开面

开面地步，虽分两样，然开大面即是占地步，无地步即是不开面。何也？大八字一统罩尽，护带数重，两边送从缠护面面相向，非开大面乎？贯顶出脉，护带全无，兄弟山挨近本身者，非无地步与不开面乎？故开大面地步自广，开小面地步自狭，不开面地步自无。盖面之大小，不专指本身言，亦兼羽翼、护卫言之也。羽翼、护卫多者，地步广，虽本身之面小，亦为开大面；无羽翼、护卫者，地步狭，虽本身之面大，亦为开小面。故开面地步，总是一事。但自本身之肩臂、眉目、肌理之分言之，则为开面；自外层之羽翼、护卫言之，则为占地步。论真假非肩臂、眉目、肌理之分不可，论大小非羽翼、护卫之分不可，固一事而两名者也。

论开面地步包括形势星辰

秦汉时论形势，唐宋时论星辰，今人止知论势，其次论星与形。予独论开面地步者，盖以山川古今不改，吾人所见不同，总皆发明山川之秘。如《狐首》、《青乌》、《葬经》以形势察性情，以性情察生气；《撼龙》、

① 有外背内面之真情拱向，方有顾恋之意。

《疑龙》、《玉髓》、《经泄天机》之类，以地下山形合上天星象，以人间庶物状山川变形，逐类推求，随形模仿，皆格物以明理，非初学所能骤至。予开面、地步之说，参悟万山性情，总归一贯机窍，意浅言详，人所易晓。况形势星辰，亦皆包括，诚以山龙无开面地步，即不成形势星辰。何也？未有不开面而能成形势者也，未有不开面而能成尊严降势者也，未有不叠叠展转开面，而能成飞舞踊跃之势也，未有开面之羽翼不面面相向，而能成团聚回环之势者也，未有不占地步之广，而能有势如重屋，茂草乔木，势如降龙，水绕云从者也，未有不占地步之极广，而能有势如巨浪，重岭叠嶂，势如万马自天而下者也。廖氏曰："贯是脉从顶上抽，星峰不现头；饱是浑如覆箕样，丑恶那堪相。"杨公曰："大抵星辰嫌破碎，不抱本身多作怪。"皆星辰不开面之说世。《葬经》曰："形如乱衣，妬女淫妻；形如仰刀，凶祸难逃；形如卧剑，诛夷逼僭；形如覆舟，女病男囚。"又曰："势如戈矛，兵死刑囚；势如流水，生人皆鬼；势如惊蛇，屈曲攲斜，灭国亡家。"此皆不开面不占地步之说也。《入式歌》云："好格面平方合样，面饱何劳相。"不开面者，其面能平而不饱乎？《撼龙经》曰"作穴分金过如线"，曰分金者，非即开面之谓乎？又曰："高山顶上平如掌，中分细脉如蛇样。"平如掌即开阳献面，如蛇样即束阴吐气，中分即隐显之分，又非开面之谓乎？然则古人之论形势星辰，未尝不寓开面地步之意，但不明明道破。予故发其隐微，不言形势星辰，而详论开面地步也。

饶减

饶减者，多者为饶，少者为减，即挨加法也。盖晕心标准，左右均匀，挨左则左少右多，谓之减龙饶虎，挨右则右少左多，谓之减虎饶龙。又如龙先到而在内，虎后到而在外，龙近虎远，作穴挨近龙边，即是减龙饶虎；虎先到而龙后到，虎近龙远，作穴挨近虎边，即为灭虎饶龙是也。其龙虎不交抱，而龙山低虎山高者，亦宜减龙饶虎；虎山低而龙山高者，则宜减虎饶龙。又落脉饶减之法，如脉从左落，势必趋右，宜右边受穴，左耳乘龙，棺头宜亲右边，棺脚宜近左边，亦曰减龙饶虎；右肩落脉，饶减亦然。大抵落脉左右之饶减，与龙虎远近之饶减，常自相符，当饶减而不饶减者，祸在公位。如左砂先到，当挨不挨，长房必败，左水不到穴前故也；右砂先到，当挨不挨，幼房必败，右水不到穴前故也。又如水自左来，右边是下砂，不挨右而挨左，则青龙顺窜，祸及长房；水自右来，左边是下砂，不挨左而挨右，则白虎顺窜，祸及幼房。

挨弃

挨弃者，挨生处而弃死处也。如脉从左转右，则左死右生；从右转左，则右死左生。双脉短者为生，齐脉小者为生，贴身砂长者为生，痕影水明者为生，弦棱伶俐仰处为生，圆唇薄仰平铺边为生，穴腮圆胖为生，牝牡砂先到为生，龙虎湾环腼觍边为生，气脉有阴阳变化呼吸浮沉之动气为生。总之，动处、仰处、圆处、有情处、厚者薄处、薄者厚处，均为生也。左生发长，右生发幼。

倒杖[①]

倒杖者，手持一杖立于簷下平处，仰视分水之脊对与不对，分金之面中与不中。仔细详认，务求对中。将直杖放于簷下平处，又以一杖加直杖之上，横如十字。看此横杖与穴腮圆胖处适中否。如脉缓，将横直二杖移上数尺。脉急，移下数尺。[②] 边厚边薄，移过薄边一二尺；[③] 不缓不急，两边界水俱明者，直杖只对分金之面，横杖只对圆胖处作十字。[④] 再以数丈线一条，照直杖直牵，上下打桩系定。上桩正对分金脊中，方为不偏。此定脉路之气线，[⑤] 即于十字之中打一中桩，将十字杖收过，只执一杖于手，站在中桩之处，而视前面雌雄相就者，串先到之砂头，对股明之界水，[⑥]

---

① 此篇乃立穴定向之准绳，以明峦头为本，理气为用之意。

② 此吞吐法。

③ 即股明股暗，挨过界水明边之意。此挨弃法也。

④ 龙虎饶减在此时定之。

⑤ 以上定穴，以下定向。

⑥ 雌雄即左右砂，见乳突窝钳篇。就者，砂水相交；串者，贯串之义。言收砂即是收水，如龙近虎远，先收龙砂，或串砂水交襟处，即先到先收法也。若股明界水，须对明堂收水。

对开口当中，对明堂聚处。前亲正案，后枕落脉，[①] 收水出煞，仔细消详。[②] 而放直杖于中，亦以一线与杖相照，上下打椿系定，下椿正对合水尖处，方为不偏。[③] 此定坐向之线。[④] 耳受者，以耳对气线。[⑤] 腰受者，以腰对气线。[⑥] 如窝钳穴，气线当以隐隐矬平之分心处为中，向线当以唇口为定。横杖，当以水平脐结，对两边之圆抱中为则。[⑦] 耳、腧、腰必对气线者，使气之贯棺，如线之串钱，吞吐、饶减、挨弃，俱凭十字为定，故曰串钱十字。

浅深

作穴浅深之法，有以两边界水定者，有以穴前小明堂定者，有以一合水定者。窝钳穴无贴身一合水，[⑧] 以两边二合水定者，从来议论不一。但两旁界水之浅深，[⑨] 与一合水之浅深，相去悬殊；一合水之浅深，与小明堂之浅深，相去亦悬殊。[⑩] 且穴旁痕影水，[⑪] 浅者止一二尺，葬穴不应如是之浅；或两旁溪沟成界，深者数丈，葬穴不应如是之深。即二合水合于圆唇之下，形俯者或有数丈高低，葬穴亦不应如是之深。然则何以定之？惟小明堂之深浅与穴高低相等，似可以此定其浮沉。然每因之过浅，则有风

① 此后倚前亲法。

② 此用理气法。

③ 定向以切近砂水为证，故有近案则对正案，有明水则对明堂。如无正案、明水而两砂相交者，对砂水交襟处。开口不交者，对唇下合水尖处。

④ 落脉饶减，在定向线时辨之。

⑤ 斜乘者是。

⑥ 横乘逆乘皆是。此乘气之法。

⑦ 此窝钳乘气定线之法。其乳突穴，横直二枝已见篇首。

⑧ 一合水即蟹眼水。窝钳穴无一合水者，即《堪舆经》所谓“蟹眼不分扦气穴”是也。盖深大窝钳，穴结低处，平中取突。球檐无蟹眼水分下，即以贴穴分合为蟹眼水。金盆穴法亦然。

⑨ 即二合水。

⑩ 一合水从穴晕两旁分下，小明堂即穴前一合水聚处，故二者深浅不同。

⑪ 即一合水。

吹蚁入之患,[①] 过深则有水湿黑烂之虞。[②] 况小明堂上下任人指点，增卑损益，随意可更，其深浅亦无足据。惟金银炉底之浅深，与小明堂界水之浅深,[③] 常自相符，宜以小明堂界水浅深尺寸为准则，多留真土托棺，不得凿至炉底。每掘小孔探之，将到炉底而止。真土者，坚而不浮，韧而不硬，干而不枯，润而不湿，明彩而不昏暗，即生气土也。炉底土比真土稍淡稍昏，稍干稍湿，稍粗稍变，不必过硬方为炉底。有等真土厚者，比小明堂更深数丈，若因土美深掘，过于小明堂，必有水湿之患,[④] 故必须以小明堂为准，多留真土托棺为是。

《地学》云：穴之浅深，为葬法收功一大着。如形粗势大，皮厚肉肥者，宜深；山小势微，皮嫩肉脆者，宜浅。此可预定。若求真土，必凿而后见，不可预定。凡开穴，先去浮沙浮石。真土有范围，有盖底，或稍粗土为之范围，盖底之中方是精粹之土。太极之晕，有范围狭小，不足容棺，止堪容椑者，亦天生自然，不容勉强，慎勿打破外晕。晕有晕心，多是碗大白土，将透底乃见。见此即止。真土肉浅者，打下数尺，见土变粗，或土尽见砂见石，急下真土作底，三五寸然后顿棺。宁可浮上，外取好土和灰坚筑，则客水自消。不可掘穿炉底。术家以九星五星量浅深，某山向当深几尺，其说皆妄。即量界水则浅深，亦未必尽符，动手方知也。

---

① 风吹则气散土松，故虫蚁入之。

② 阴来阳受脉缓者，气浮；阳来阴受脉急者，气沉。气浮宜浅，气沉宜深，浮沉得宜，全在深浅恰中为则，过深过浅则气不蓄，即为腐骨之藏。古云“穴吉葬凶”者，亦兼乘乎浮沉深浅而言也。

③ 此界水指一合水言。

④ 掘穿炉底，穴深水入。

山洋指迷原本卷四

平洋论

山龙以开面占地步者为胜，平洋亦然。盖平洋开口，即如山龙开面。山龙不开面为无气，平洋不开口亦为无气，其理一也。[1] 山龙有星体形势，帐峡缠护者，为占地步；平洋亦有星体形势，帐峡缠护，其占地步亦一也。但平洋踪迹，与山龙形体略有异同，今亦以纵横、收放、行止、分合、向背、敛割、仰覆、枝干大小分晰龙体穴形，要之，不外乎因水验气。古云“平洋得水为先”，诚要语也。

因水验气

气者，水之母也；水者，气之子也。有气斯有水，有水斯有气。气无形而难见，水有迹而可求。水来则气来，水合则气止，水抱则气全，水汇则气蓄。水有聚散，而气之聚散因之；水有浅深，而气之厚薄因之。故因水可以验气也：若池湖荡胸无收，则气不能聚；江湖泼面无案，则势不可当。[2] 其易盈易涸，急去急来，倏浅倏深，或环或直者，亦有盛衰之应。

① 水分气行，水合气止。龙不开面，则水不分；平洋不开口，则水不合，故均为无气。

② 入怀之水太宽为荡胸，必须退后收水，或近收贴穴小水，方可取裁。大水当面直冲为泼面，宜有近案遮拦，不致直见汪洋为妙，详后《枝干》篇。

惟大水之内又有小水，重重包裹，方见气之藏而聚。大界之内，更有微茫隐隐分合，[1] 方见气之动而止。故卷[2]、恋[3]、回[4]、环[5]、交[6]、锁[7]、织[8]、结，[9] 皆气之所在也。穿[10]、牵[11]、射[12]、反[13]、直[14]、冲，[15] 皆气之离也。如反者使之环抱，直者使之曲折，散者可以聚之，去者可以蔽之，挽回造化，亦在人功。但本身血脉有情顾后者，[16] 务宜挨亲；干龙大水，无意留恋者，不可扳援。若山谷之平洋，山多水少，虽见大水无害，总要自家界合为先耳。[17]

纵横

两水夹送，龙身直行者为纵；两边枝水插入者为横。大龙奔行数百十里，或数十里，或一二里，两边枝水插入，如八字样者，为帐。枝水分流，或数百十里，或十余里者，为大帐；一二里者为小帐。两边枝水长短不齐，阔狭不一，帐之边多边少。龙之中出偏出，均于此辨之。帐大而多者龙大，帐小而少者龙小。亦有借纵为横，借横为纵者，总以枝叶茂、地步广者力大。但平洋纵横，不如山龙易见；枝龙纵横，又不如干龙易见。盖干龙有大江大河为凭，而枝龙惟小河小滨，或低田低地，忽纵忽横，难

---

① 贴穴痕隐水。
② 去而回顾。
③ 深聚留恋。
④ 回环曲折。
⑤ 绕抱有情。
⑥ 两水交会。
⑦ 关拦紧密。
⑧ 之玄如织。
⑨ 众水汇潴。
⑩ 穿胸破肋。
⑪ 天心直出，牵动土牛。
⑫ 小水直来，形如箭射。
⑬ 形如反弓。
⑭ 来去无情。
⑮ 大水冲来。
⑯ 贴穴小水环绕也。
⑰ 贴穴界合，无论山洋，必不可少。

以体认。非远着足力，细细推求不可。其龙身来去脊脉，只以两边小河小滨插入，或低田低地中有一段高起处证之。河界田，而田之阔大处是横；滨界田，而田之狭长处是纵。小滨横生处是横，直生处是纵；未分小滨之前是横，已分小滨之后是纵。小河倏而直流，倏而横流；小滨忽而直生，忽而横生；低田低地，亦如是者，都是借纵为横，借横为纵也。总之，纵者中尊自主，横者侧体顾人；纵如菜苔花心，横如菜叶花瓣。菜叶花瓣，为护其心；枝脚缠护，因卫其主。横者是开，为合之机；合者是收，成纵之局。故有纵不可无横，有横不可无纵。有纵无横者，即无盖护；有横无纵者，何以成龙？然亦有等龙身，在大江大河之中，或隔十余里，或隔一二里，有圩田浮于水面，如鸥鹭之浴波，或如珪如璧，大小长短相间，断续而来，此以小而直长者为纵，大而横阔者为横，察其到头，定有真止。故龙穴皆纵中之事，砂水皆横中之事。[1] 纵横互借，层见叠出者，更徵地步之大，结作之多。小龙如此，大龙亦然。

收放

收者，束细咽喉也。龙身行度处，以之定峡；到头一节，以之观入首，即所谓束气也。平洋无脊脉可凭，全在收处察其真假，证其来源。放者放开枝脚也。帐盖之大小，缠护之短长，均于此定之。大龙有大收大放，盖帐关峡是也；小龙只小收小放，个字蜂腰是也。收放愈多则愈有势，愈大则愈张扬。盖收者如火筒风箱，小其窍而气方健；放者如瓜藤果木，茂其枝而本自大也。然非两边枝水插入，不见其收；非两边枝水分开，不见其放。[2] 若一边枝水插入，一边无枝水分开，即是边有边无；或一边枝水插入，一边隔了数段，方有枝水分开，如不对节之草者，即为参差不齐，[3] 非真收真放也。收放真者，大略与山龙过峡相同。但山龙之起伏高，显然可见；平洋之起伏低，殊难识认。总以两边枝水插入为凭，因

① 龙脉虽多曲折，总居中而贯穴；砂水即有直长，皆在龙穴两旁分布。

② 插入言枝水自干水生入，分开言两水自龙身分开如八字，二者其义一也。

③ 此指直龙而言，如横龙旋转者，不以此论。

收处而见其放，放处而见其收也。至龙身行度处，高山以特起为少祖，平洋以特收为少祖。故穴后之收放，比后龙更为紧要。但后龙开帐过峡，有两边枝水插入者，或一边枝水插入，一边但有低田为界者，亦以帐峡论，不过力量稍轻。若在穴后一节，两边枝水插入，固为束气；亦有一边有枝水，一边但有低田低地为界，或两边俱是低田低地，中间高起一段，亦为束气之真。[①] 其收放之极大者，两边护砂，有金箱、玉印、日月、旗鼓、琴笔、剑笏、仓库诸形，或拱龙峡，或护穴场，文具应文，武器应武，堆钱仓库主富，琴龟凤鹤主仙，形吉者吉，形凶者凶。吉形穴中见之吉，不见犹奇。脊脉之龙，其形多连于本身，或见于低田低地，或见于高田高地。平薄之龙，每于隔河隔滨见之，或见于水面，或见于平田平地，总以向我有情者吉，无情反背者凶。

① 大坂平田两边无枝水插入，又无高低束气之形，宜飞边吊角而扦。盖近穴虽无束气，其后必有分水之峡也。然飞边须边上展开堂局，吊角须角上动而有情。即四面有水甚远，不拘方圆，大坂中间，插进一漕而弯抱者，亦有结作。若边角俱无，穴情中间又无漕水插入，但得微微起伏，有唇口堂砂，殆如隐面山龙，精神藏而不露，不可以无明水而弃之。

附無束氣飛邊之圖

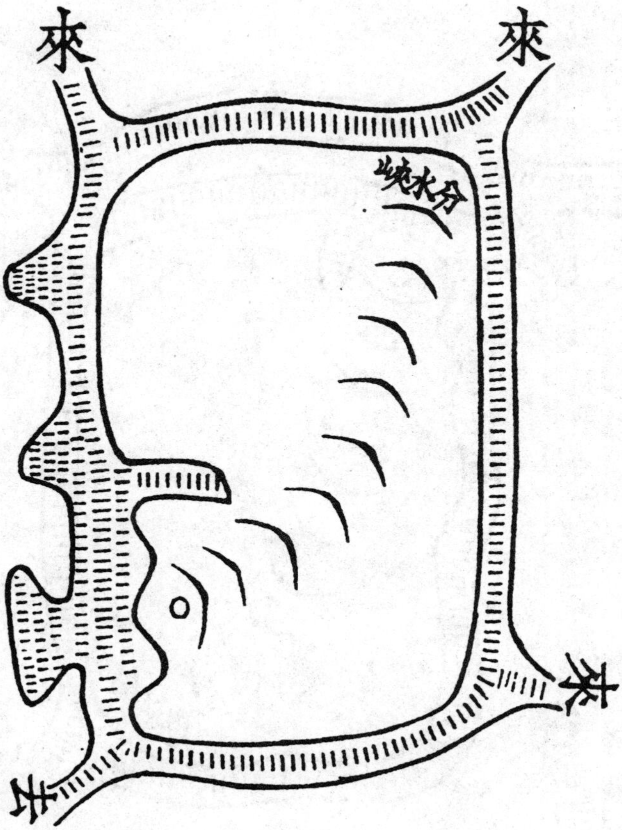

附無束氣弔角之圖

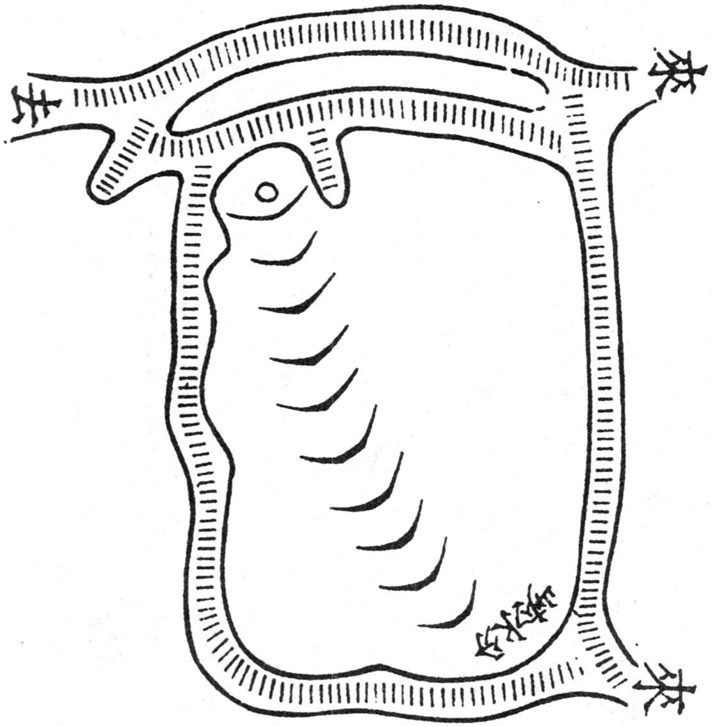

附無東氣漕挿之圖

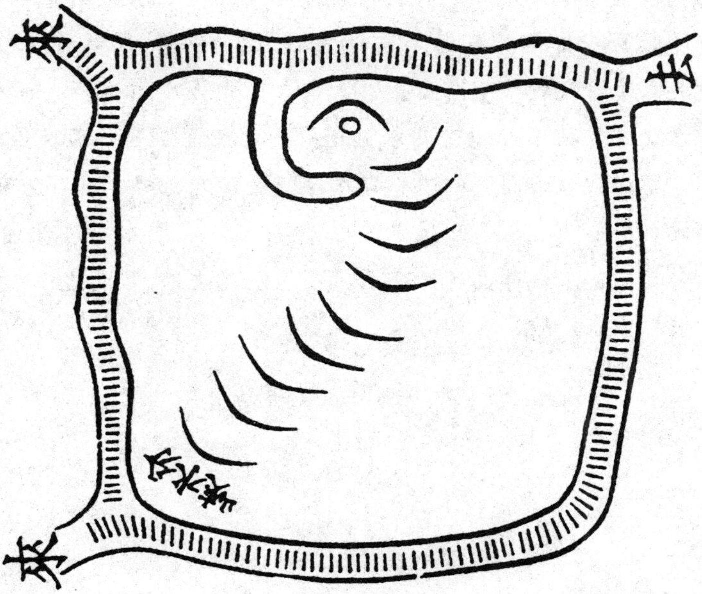

行止

平洋少骑龙斩关之穴者何？盖平洋以水行证龙行，以水止证龙止，不若山龙有形局可借者比。故曰“到头水聚方能止，水若无收气远奔”。然此亦就大合之内有小合者言。若直临大水交襟之处，[①] 地形必渐小，缠护必短缩，钳局必不开，以为尽龙而收之，必致衰败。杨公曰：“寻到山穷水尽时，地作茅丛容易弃。”故须倒寻转去，看有一股下砂小水缠绕处，只收一边之水，或横开钳局，或倒挂金钩，方是真止。平洋龙之横结多而直结少者，亦形势使然也。《口议》曰：“二水夹出莫当前，宜向左边或右边，神仙倒杖宜横作，下手虽空也进田。”又曰：“二水夹出莫当中，中心水去十分凶。翻身作向朝来脉，发福绵绵为坐空”。[②] 故大水未合而小水合，得下关水来缠绕者，定有真止；大水合而内无小水缠绕者，不得为止也。若逆水之龙，其来处原是两水夹送顺行，忽而翻身逆朝来水。[③] 虽逆转处最多，不过数节，而其内边小界水，与逆转之龙势相迎，方有真止。[④] 如内边小界水仍随龙顺行，必是砂体。《经》云：“顺水直冲而逆回结穴，方知体段之真；逆水直冲而合襟在后，断是虚花之地。”此之谓也。[⑤] 小界水者，即枝缝中水，故又名枝缝水。

---

① 此大合水处。

② 二诗前一首申明上文横开钳局之义，穴宜横作。后一首申明上文倒挂金钩之意，穴宜逆扦。

③ 界龙之水流东，界穴之水亦流东，为顺局；若界龙水流东，而界穴水流西，为逆局。如龙身顺行，有漕插入为后托，与逆结同。

④ 如外边龙势左旋，内边枝缝水右旋，方见内界之合。右旋者例推。

⑤ 平洋坐空朝满，须得低田低地为明堂，前有明堂，后有束气，自有钳口、下砂以证，内界小水环绕，若合襟穴后，内无界穴之水，何以成穴？即如裹头水为凶者，亦因内无小水环绕之故。

附橫開鉗局圖

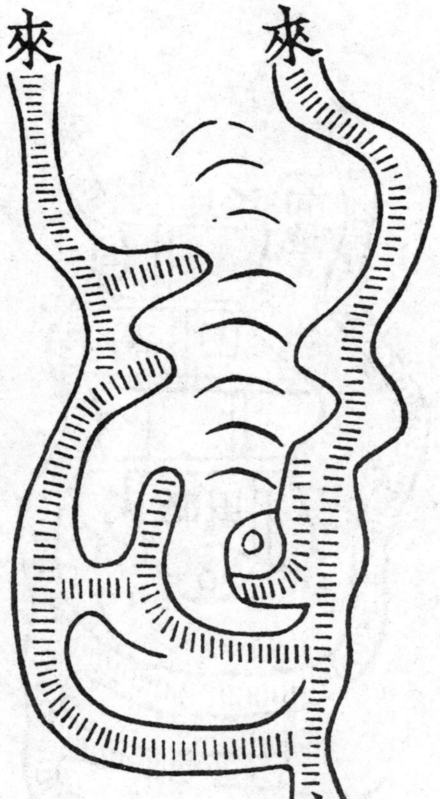

附倒金掛鉤圖

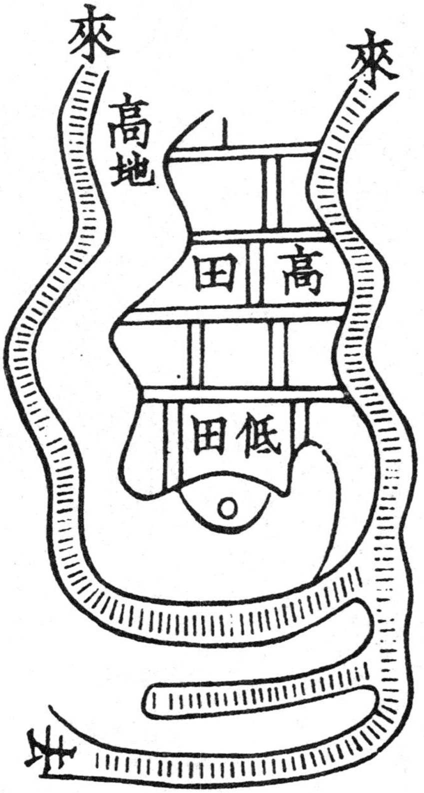

附順龍後托逆結圖

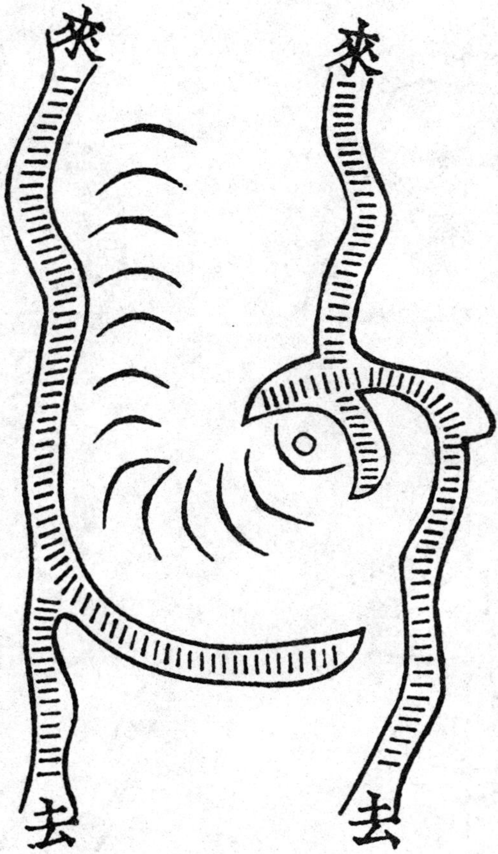

附合襟在後圖

附裏頭水之圖

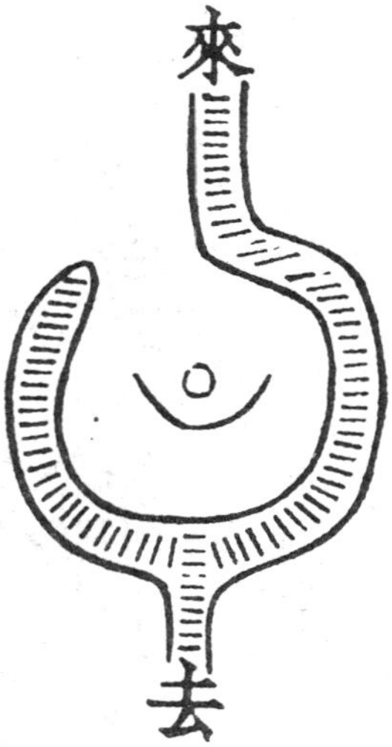

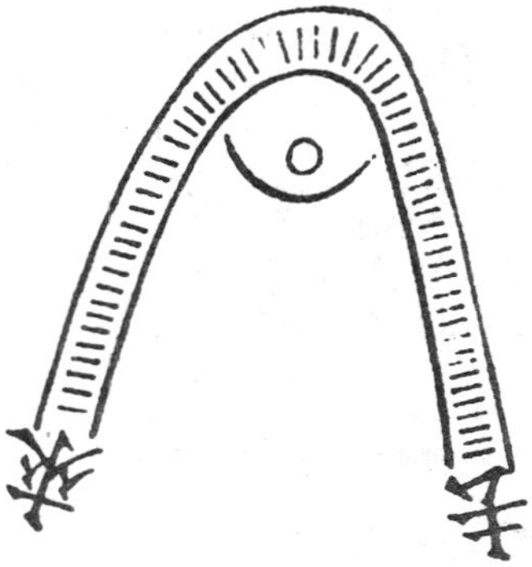

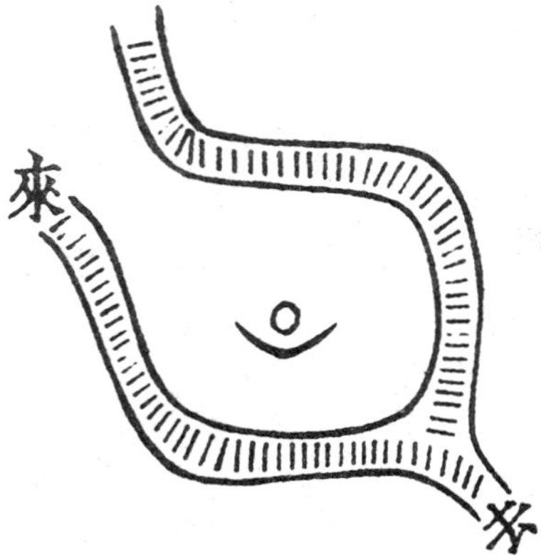

第一圖前冲後漏其凶易見第二三圖以内無界穴小水不吉

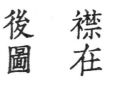

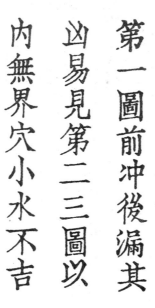

附貼穴水會圖

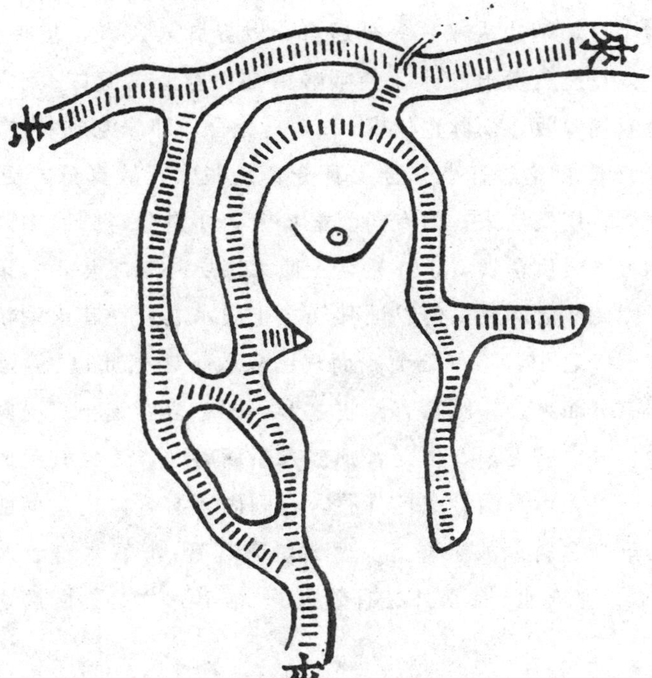

此穴左右有砂後有束氣兩水會合穴前故不來作裹頭論

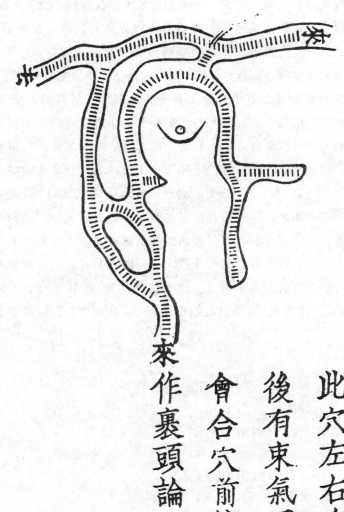

分合

平洋分合之大小真假，何以证之？曰：不拘江河溪渎，与龙之枝脚缠护，俱夹收在内者，是大分合，[①] 即界龙之水。枝脚缠护之内，或低田低地，或小沟小滨，两边夹来，先分后合，以界脉入穴者，是小分合，[②] 即界脉之水。入首之处分开枝水，使咽喉束细而脉清气健；[③] 到穴之处，逆绕下关，使堂局紧收，而脉止气聚。[④] 是真分合，即成龙成穴之水。[⑤] 有大分合无小分合是假龙，有小分合无真分合是假穴。故真分合更不可少。[⑥] 平田旁舒两翼，层层涌来，俱有向前之势者，亦是分；圆唇中间弹出，两角收上，如月魄之倒覆转者，亦是合。使无层层扑来之势，何以见其龙之分而行？若无倒收之圆唇，何以证其气之止而水之合？昔人谓桃花滚浪非真穴，又谓真气之止，不待临流，而气已先收，皆指此也。[⑦] 盖平田有行龙之象，即有分而无合。圆唇有倒收之形，即有合而气止。况圆唇为穴之余气，可验生气之有无。有生气者则气有余而唇吐，无气则无唇。然有圆唇之合，又不可无本身两砂兜抱其唇，否则内界有合，内堂何能聚？必有大界水扣肋割脚之害。故乘脊者，要钳口兜其唇；[⑧] 看水绕者，须内界绕其唇，[⑨] 以砂内必有水，[⑩] 水外必有砂也。[⑪] 故砂水之合、圆唇之合，缺一不可。

---

① 此分指分龙处，合指大合水处。
② 此分指行龙处，合指缠护外水合处。
③ 此穴后分水。
④ 此穴前水合。
⑤ 有真分合可证龙穴俱真，故曰成龙成穴之水。
⑥ 以上言水之分合证龙穴也。
⑦ 以上言砂之分合证龙穴也。
⑧ 有钳口即是两砂兜抱，可证贴穴小水分合。
⑨ 有内界分合，即是微砂环抱。
⑩ 承钳口兜其唇言。
⑪ 承内界绕其唇言。

三分三合水附圖

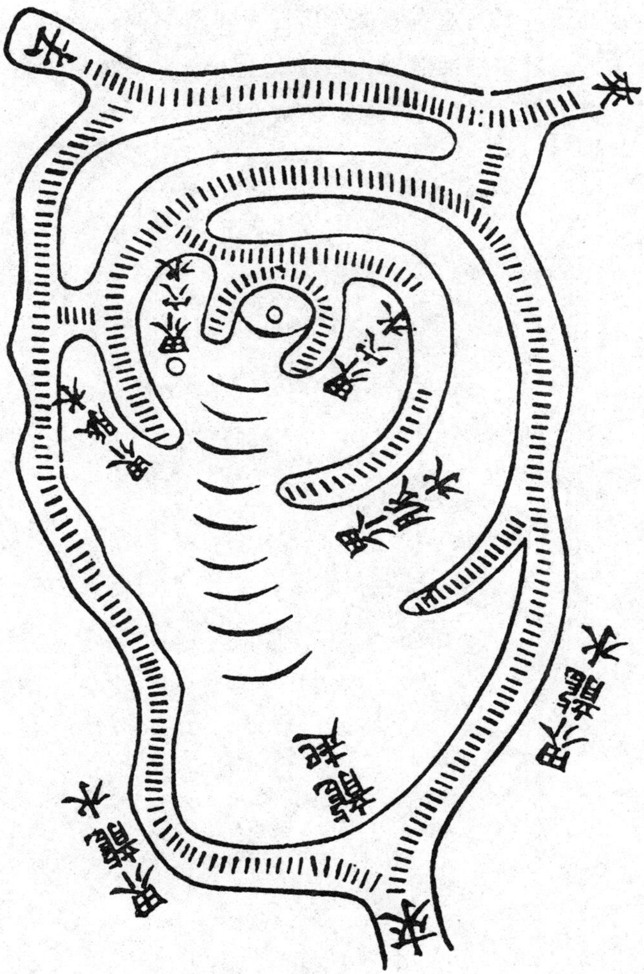

右图界龙水两边如八字分开，是第一分；外明堂是第三合，即大分合也。界脉水八字分开，是第二分。中明堂是第二合，即小分合也。贴穴小水亦如八字，是第三分。内明堂是第一合，即真分合之合水。赖公曰："大地有三分三水，中地二分二合，小地惟贴穴一重分合水而已"。[①]

按：平洋顺龙顺结而有脊脉者，宜坐高乘气而插，当以右图为式。若顺龙横结、逆结，穴后与左右宜低，所以见本身之高。且低则有水，以证水外有砂环抱。其取短漕冲照者，亦是此意。至穴前虽宜向高，但须明堂低聚，堂外砂高为吉。若前无明堂，不成穴矣。

① 指界穴小水言。

向背

脊脉之龙，看砂之向背为主，而水之向背自在其中；平薄之龙，看水之向背为主，而砂之向背自在其中。然砂之向背，又在开口之有无真假见之，水之向背，又在大水内小水外有无绕抱之砂见[①]盖平洋有以低田低地作堂作界者，堂界之外，必有高起之砂可辨其向背。如四面之砂皆外背内面而相向者，是真口而气聚；[②] 设有一面反背者，是假口而气散；[③] 无口则更无砂可辨其向背，而气亦散此承看砂之向背言。大水内有小水界开，方有小水交合，可辨其水之向背。如下手边之小水左转来向，上手边之来水右转来向，是水绕而气聚[④]抱。若下手边之小水，当逆向右边者而反顺行，[⑤] 上手边之来水，当趋向左边与下手左转砂水相逆者，而反趋右，是水不向不绕而气散。大水之内，无小水界开而相合，则更无水可别其向背，而气亦散矣。[⑥] 故内无开口之砂小水环绕相向者，此外虽有砂水相向，总无益也。[⑦]

① 之《平洋正宗》云："平洋点穴全在配砂，配得砂来便用得水"。

② 真口两砂或长短不齐，须下砂长而外背内面，抱唇逆上，方得明堂气聚。如下砂逆转作案，上砂只要面来向穴，略短无妨；上砂顺转作案，得下砂逆上拦住，上砂不使顺窜为吉。两砂均匀者，穴居平中；边长边短，收先到之砂，与山龙饶减挨弃法同。然逆局不以顺砂为嫌，故平洋犹贵认龙。认龙之法，以水作地看，以地作山看，更以大界水定来龙，小界水看入首，放宽眼界，细心理会，则顺逆自无遁形。盖水所以界龙脉，龙身顺逆，惟水可凭。若但以水为龙，不明认龙之法，毕竟似是而非。古人以"眠倒星辰竖起看"者，即此意也。

③ 砂背水亦反也。

④ 水绕即是砂。

⑤ 向左而去。

⑥ 此承看水之向背言。

⑦ 此申明外有大水，内无小水环绕之病。盖小水两边环抱，方为开口之证据。其一边小水湾环，一边得低田低地为界，亦是开口。若只有一边小水而直硬者，外有砂水相向亦假。

附配砂圖

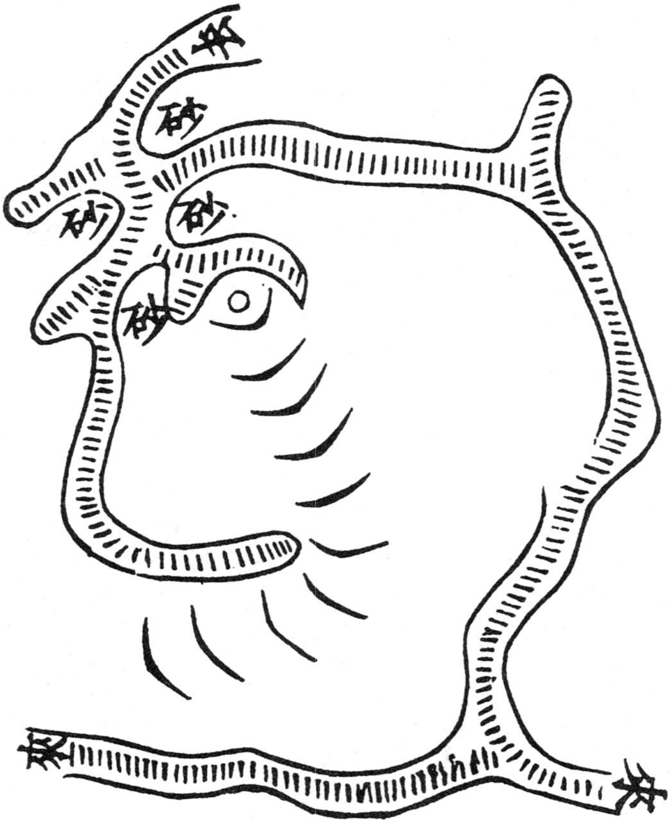

又式

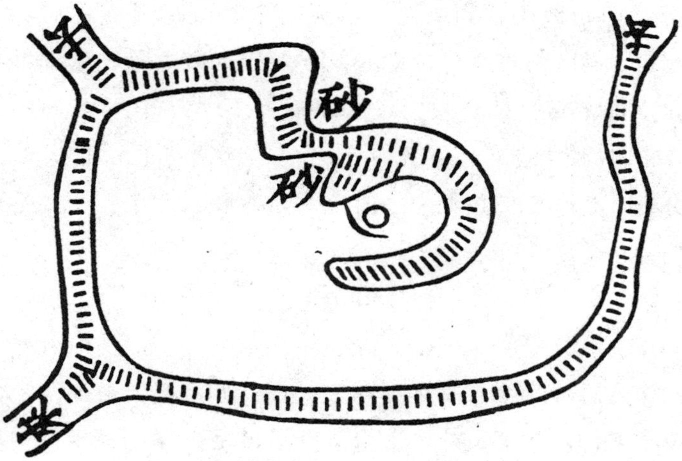

曲湊鈎轉結搆易曉若
頂來氣而對圓唇則水
城裹頭左右無砂不成
穴矣此則開斧撞乘後
水灣環前水曲出兩砂
交鎖有情吉

敛割

或曰：山龙忌敛割，平洋亦忌否？曰：大界水之内，无小水界开，与无钳口之分，即是敛也；到头之处，无砂水真分；圆唇之前，无砂水真合，即是割也。盖无分即敛，敛则必割。敛于入穴之处，水即冲身；敛于两背之间，水即割臂；敛于穴前，水即割脚。故大口之内，有小口分合，大水之内，有小水分合者，方无冲割之患。大水分合，是大口；小水分合、钳局分合，是小口。故大水之内，须寻小水，大口之内，须寻小口。①

仰覆

或曰：山龙忌覆喜仰，平地亦然否？曰：仰属阳，覆属阴。山龙是阴体，当于覆中取仰，故突出处以平为贵；平洋是阳体，宜于仰中取覆，故平中以突为奇。然在阴砂开口之中，隐隐如没牛吹气，盏内浮酥，泥中隐鳖者，方不患覆。② 如突大而显者，必须开微薄之面，吐平仰之唇，③ 与山龙喜仰忌覆同。若不在阴砂开口之中，又当自开钳局，出唇吐气方可。水乡之府县基，水涨时衙宇阶陂俱没，而正堂水不没者，则至高之处为正穴，低洼之所，必无气脉，故平洋圆胖肥仰而高于众处者，为气之所聚，城市村落皆然，此即平中取突也。开口之阳基，穴在掌心低处，两边有高砂作护，此即阴砂开口，取微薄之面，平仰之唇也。

① 此数语包括平洋诸书认穴之法。

② 即微突扦顶之意。

③ 即突大扦坦之意。此指在阴砂开口之中而言。

枝干大小

辨平洋龙枝干，在分水处[1]与合水之处，[2]两边水源俱长大者是干，短小者是枝；一边长大，一边短小者，亦是枝。水源长大，而大合水在数十里，或十余里者是干；水源短小，而大合水在数里，或一二里者是枝。欲知水源短长，则以两边大界水广狭定之，广阔者水源长，狭小者水源短。长而不广阔，虽干龙而力薄；短而广阔，虽枝龙而力厚。至小枝龙，或一边溪水，一边田源水夹送，或两边俱是小水夹送，会合穴前左右，此辨枝干法也。大干大枝，穷尽处必不结地，惟脱出至小之枝，每在尽处融结，[3]枝龙不纳干水，干龙亦以不见大水为佳也。若干龙至将尽处，枝龙傍大水边在腹内，[4]收纳界水，而不见大水者，力大；如局面开阔而向大水者，必须小界水[5]来路远，内水[6]缠绕有情，明堂容聚，余气铺张，前砂拦水，穴间只见一线湾环，或如镜圆静照为妙。如面前直见汪洋，定不成地。故地在腹中者，十有八九；在大水边者，十之一二；在大水边而见大水者，百中一二。惟龙长力大之阳基，局势相当，方可直临大水。盖阳基宜销尽，[7]不同阴地宜收聚也。然亦须小界分开，[8]束气明白方真。[9]有等枝龙之水，[10]因低洼而聚为湖池，其间亦有取裁，但不可太近，亦不可别无小水缠绕，恐有荡胸泼面、割脚空亡之患。设无小界水分开，被大界水贴身，为割肋；[11]无内明堂聚气，被横水扣唇，为割脚，[12]断不成地。池湖旷

---

① 此指分龙处而言。

② 此指大合水处而言。

③ 大干大枝尽处，即大合水交襟之所，故不结地。若脱出小枝，近收小水，以大干大枝余气作护者，仍有融结。

④ 大水小水缠绕之内。

⑤ 即界脉水。

⑥ 即界穴水。

⑦ 即开拓之意。

⑧ 小界分开，即是入脉之处。

⑨ 后有束气，前有真结。

⑩ 来源短小者是。

⑪ 贴身者，大界水贴脉直行，此言穴后无分。

⑫ 无内明堂，即是无钳口。扣唇者，水贴唇前。此言穴前无合。

荡，无近案拦砂，穴小水大，亦为空亡。若辨平洋之大小，去山未远，有脊脉可寻者，宜溯其来历，亦以两边大界水长短阔狭定之；去山甚远之平洋龙，众水交流，无脊脉可见者，只以交会水多寡大小，出口处关锁疏密定之。总之帐峡缠护多，占地步广者地大；单砂单水，缠护少者地小。至于偏全聚散，山龙平地相同，不必复论。

渡劫

或曰：龙有遇水而止，有渡水而过，又有所谓水劫者，何以辨之？曰：龙未到横水，① 而界水合于田中，即因水合而止；龙已到横水，而横水水底无石骨硬土，彼岸无分水脊脉，则遇横水而止。如龙已到横水边，或将到横水边，而田间两边界水分落河中，水底有石骨硬土，中浅旁深，彼岸有分水脊脉，则渡横水而过。故曰“龙过千江，不过一堂”。一堂者，小界水合于田中也。若河中虽有石骨硬土，彼岸虽有分水脊脉，而彼岸田水，不随龙势前行，反倒流入过龙河中，此两岸龙脚相连，非渡水也。②但龙只渡横流，不渡直流。如大水自西向东直流，两岸小水俱自南向北，或俱自北向南者，龙能渡水③若两岸小水，亦自西向东，水底即有石骨硬土，亦是两边龙脚，非渡水也。龙能渡大江大河，不能渡山谷之小溪小涧，即溪涧石骨连片，或如一块生成，亦是两边龙脚相连，并非渡水。故云“平洋有两江之脉，山谷无过渡之龙”。④

或曰：有生成横水以界龙脉，有开掘河道以断龙脉，年深日久，何以别之？曰：水倒过一边合流而去者，生成之河也；逆龙之水直流，而横河之流可左可右者，开成之河也。生成者，能界龙脉；开成者，不能界龙脉也。生成之河，犹能过者，渡水之龙也；开成之河，而龙亦能过者，伤其

---

① 如龙脉自西过东，大河自南流北，故曰横水。

② 如龙脉从西岸穿过横河，渡到东岸，东岸田水宜随龙东行。若反流入横河，则两岸俱是龙脚，非渡水之龙。

③ 大水自西向东，龙脉从南岸渡过北岸者，两岸小水俱宜自南向北；龙脉从北岸渡过南岸者，两岸小水俱宜自北向南句，宜活看。

④ 跌断过脉处，不可例论。此节当与前卷《论崩洪峡》一节参看。

面而不伤其体也。

然则，开河断脉，亦有害乎？曰：脉之阔大处无妨，狭小处有害；离穴数里外者害小，在数里内者害大；未扦而断害减，已穴而断害速。

所谓水劫者，应有脊脉处[1]而无脊脉，左水可过右，右水可过左也。江河流通，与开掘河沟而水过者，均不为劫。大水淹没龙脊而流通者，亦不为劫。惟跌断处无微高脊脉，而水可左可右者，方谓之劫。故跌断处微微脊脉，断不可少。平洋亦有玉湖、玉池、天池诸峡，[2] 四时澄清不涸者，前途定有吉穴。

① 去山未远，平洋跌断过脉处，宜有脊脉。

② 详前卷山龙《过峡》篇。

龍渡水附圖

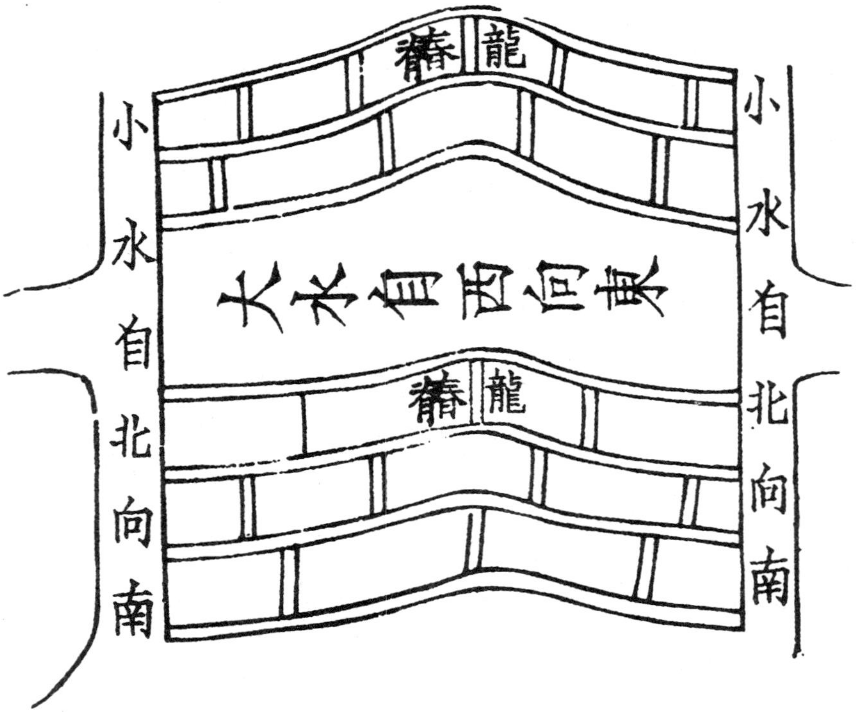

龍脚相連附圖

兩邊龍脚附圖

南

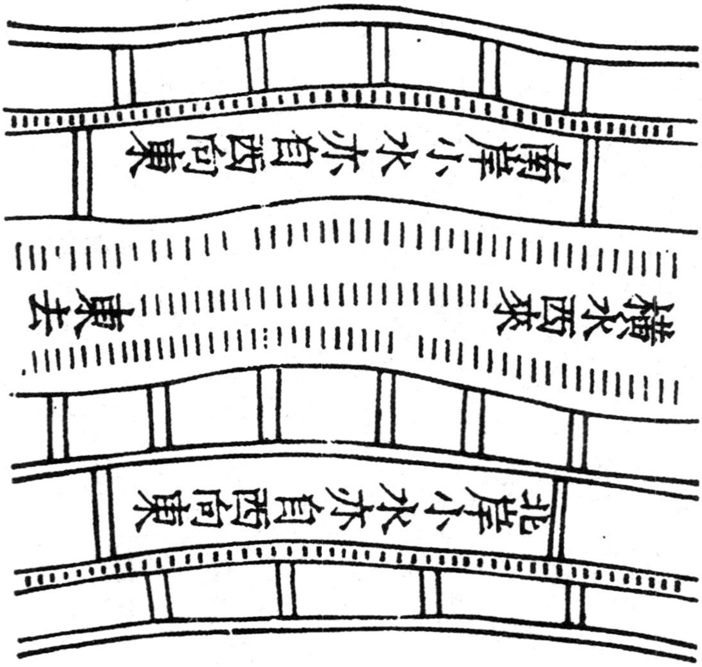

北

迎龍送龍濱附圖

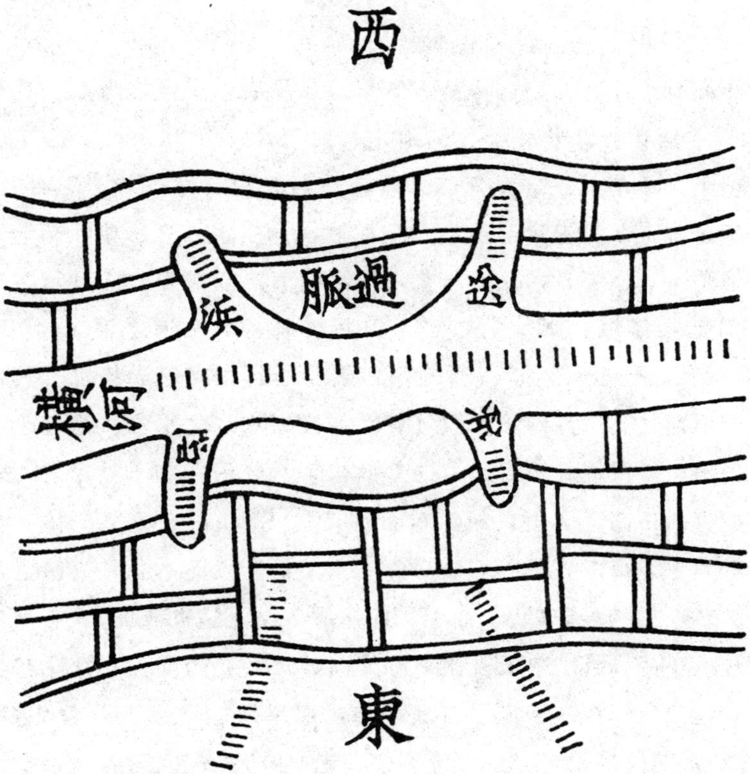

古有迎龙送龙浜之说，大略与山龙过峡迎送砂相同，如龙脉自西岸渡过东岸，西岸两滨水流入横河，东岸两浜虽亦流入河中，但其内边田水随龙东去，此系渡水之峡，非龙脚相连。

龙体穴形

平洋亦有星辰、龙格、体势、穴形。星辰者，平洋之五星、九星，所谓波浪水、滚浪金、半月金、倒地木、曲尺木、浮簰木、棋盘土、柿蒂土、铺毡土、砖角土、暗火开红、落地金钱是也。龙格者，三台、五脑、九脑、丁字、王字、玉尺、芦鞭、金蛇过水、曲水之玄、单独芍药、兼葭杨柳等格是也。体势者，龙蛇鱼鳖，晒锦铺茵，或如蛛丝之经行、瓜藤之延续、鸥凫之浮沉、藕丝之牵带、田塍层叠、如波浪之涌来，[①] 培缕纷纭，[②] 如风雨之递至。此皆气行地中，故能涌起而成形成势也。其自平洋涌起于低田面之高田高地，必原气脉。如江浙水乡之平洋，涌起于水面上之平田平地，得尺许高田高地，即气脉也。然气每在细小处见之，若一片散阔，虽有高田高地无益。故入首贵乎束气。[③] 入首有高平二体。其与来脉相等者为平，得内界分明，贴身砂头虽不涌起，而本身是高特之阜，亦为真结。[④] 不然，虽有来势，而无特起星辰，又无贴身界合，《玉尺经》云"一片顽皮，将奚取证?"入首比来脉处高数尺数寸为高，亦须贴身界合分明，阴砂包裹。[⑤] 不然，非他山之用神，即星散之墩阜。《雪心赋》曰："滚浪桃花，随风柳絮，多是无蒂无根，未必有形有气。"此之谓也。盖地

① 《平洋正宗》云：广坂之中，四畔水绕，内看田塍动气。有三法：一曰拱来：形如初月，两角向下，层叠横来，见直塍之所结穴；二曰收来：亦如初月，两角向上，势如叠浪，至方坂动而将静处结穴；三曰鱼鳞：盛如冰裂纹状，中有高低，至开口处结，或结于方正之所。

② 平洋墩阜，行龙亦要开肩出面，结穴宜开钳口，或旁砂环抱为吉，取用之法，坐实向虚，与山法同。

③ 此论体势来脉，下论入首。

④ 此阳来阴受之体，虽贴身无显明之砂，既得内界分明，自有阴砂环抱。

⑤ 此阴来阳受之体，有阴砂环抱，方有贴身界合。

形有高有低，砂水有偏胜，脊脉高起之处，砂显而水隐，故论砂之开口，在微茫之界合。[①] 脊脉隐伏之处，水显而砂隐，故水之缠绕于平薄，而开口之形，自在其中。[②] 取开口之形者，以砂为主，以水为客。砂胜者开口之形多，如娱蚣、虾蟹之形，不下数十；水胜者开口之形少，如出水莲花、泊岸浮簰、逆水砂洲，三者可以尽之。然开口之象有四焉，如旁分两股为砂，中含低田低地为堂者，是太阳，作蜈蚣、虾蟹、金盆、钓钩、玉带、虹腰、新月、合角等形，皆太阳之象也。[③] 旁分两砂，中出一脉，两边界水之外有钳口者，是太阴，[④] 作落花浮水、乌鸦伏地、丹凤衔书、黄蛇出洞、仙虾翘首、龟鳖露背、结网蜘蛛，匣中宝剑等形，皆太阴之象也。[⑤] 太阳开口阔大，起微突于中心者，是少阴，作盏内浮酥、金盆献果、匣内藏桃、釜中煮蛋、龟鳖浮沉、仙虾窥珠等形，皆少阴之象也。[⑥] 太阴形体丰厚，开微窝于当中者，是少阳，作鸡心口、螺靥口、仰掌、鸡窝，皆少阳之象也。[⑦] 推而广之，出水莲花、泊岸浮簰，是太阴之体；逆水砂洲，是少阴之体。古人论形，因其似穴之口而取之；今人论形，忘其取形之意，则失之远矣。[⑧] 开口者，无形亦真；不开口者，有形亦假。总以砂之钳局，作水之缠绕；以水之缠绕，作砂之钳局。[⑨] 均为有口，理归于一也。有口更须论唇，阳口无唇是空口，[⑩] 阴口无唇是死面。[⑪] 有唇还须论砂，无两砂兜抱其唇，则明堂不成，界水不合，[⑫] 有砂然后成堂，[⑬] 有堂然后成口，有口不可无唇。故唇口堂砂，不论何形，皆不可少。但直开之口易晓，横开、倒开、侧开之口难明；有出脉而开阴口者易晓，无出脉而开

---

① 承入首比来脉高起一段言。
② 承入首与来脉相等一段言。以下论龙穴形体。
③ 阴开裹阳为太阳。
④ 中有出脉，两边小水界脉而下，钳砂在外，界水在内，故曰界水之外有钳口。
⑤ 开阳裹阴为太阴，钳口内龙脉微高而牵连者皆是。
⑥ 太阳开口阔大，中间起突者为少阴，即一块平坦，较四面微高者亦是。
⑦ 太阴开微窝，薄口为少阳。凡突大而显者，开微薄之面，吐平仰之唇，俱是。
⑧ 以下因开口而论唇，因唇口而论堂砂穴形真伪，皆于此辨。
⑨ 有缠绕之水，即为钳局之砂。
⑩ 纯阳散漫。
⑪ 纯阴裹煞。
⑫ 无明堂则贴穴小水不能会合。
⑬ 两砂环抱之内即是明堂。

阳口者难明。当何以辨之?[①] 脉直来而直结，如蜈蚣、蟹钳之口者，为直口。脉直来而横结，以来去之身两边相掬为龙虎，如虹腰牛轭之横湾，如玉带瓜藤之颗节者，为横口。脉直来而侧结，亦以来去之身两边相掬为龙虎，如新月梢之微窟处，如侧掌之食指节处者，为侧口。脉直来而倒结，以钩转之势为龙虎，如钓钩、金钩、钩刀之口者，为倒口。山之钩转者，非后有真背不可。平地之勾转者，只要后有微顶，前有薄唇、明堂，背后拖出无妨。[②] 故点穴之法，[③] 不论何口，只要看其唇之圆处，堂之聚处为主。阳口左旋者，气必略偏右；右旋者，气必略偏左。阴口亦然。[④] 太阳之口，唇气内含，承胎而葬；[⑤] 少阳之口，唇吐口外，穴在窝下。[⑥] 太阴之口，吐气为主，薄处堪亲；[⑦] 少阴之口，一突为奇，微顶可盖。[⑧] 若平地之窟，唇吐口外者，不论口之大小，居中气聚。[⑨] 金盆无口亦然。[⑩] 倘开凿失踪，不可以四象定者，后以束气为证，前以明堂聚处为凭而消息之，庶乎其不差矣。

---

① 以下论阳口。

② 山龙横开、倒开、顺开之口，后无鬼乐，必须背驼出，平洋穴后拖出者，亦作鬼论，但面来转向者佳。

③ 以下论穴法。

④ 此概论阴开裹阳，阳开裹阴之口，以下分论四象葬法。

⑤ 胎即球，注详《乳突窝钳》篇。

⑥ 太阳唇气短缩，故宜承胎；少阳唇气外吐，故宜扦窝。

⑦ 厚多取薄。

⑧ 平中微浮，可作盖穴。若突大，宜扦顶前微靥处。

⑨ 此即少阳之口，宜扦窝之中者，以唇吐而脉隐也。

⑩ 此即少阴之体，宜扦突之中者，以气聚而脉旺也，《紫囊书》云："金盆形在在有之，四围高而水无出处，四时澄清不涸者吉。"。

附四象图并说

太陽穴法

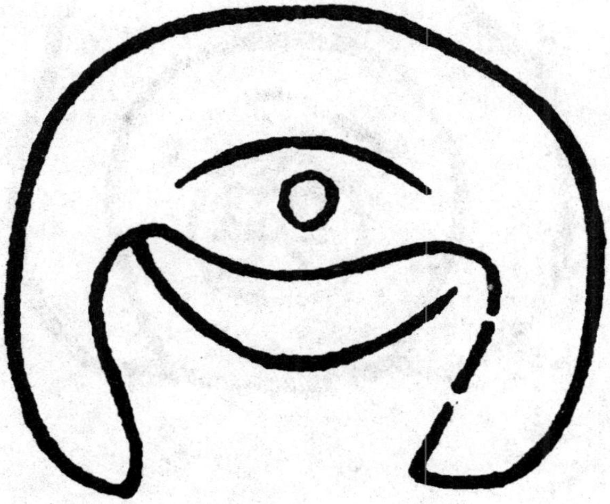

少陰穴法

太陰穴法

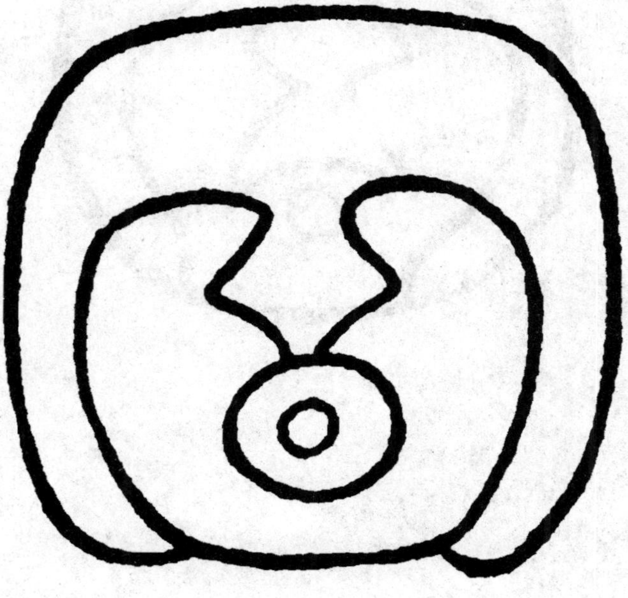

少陽穴法

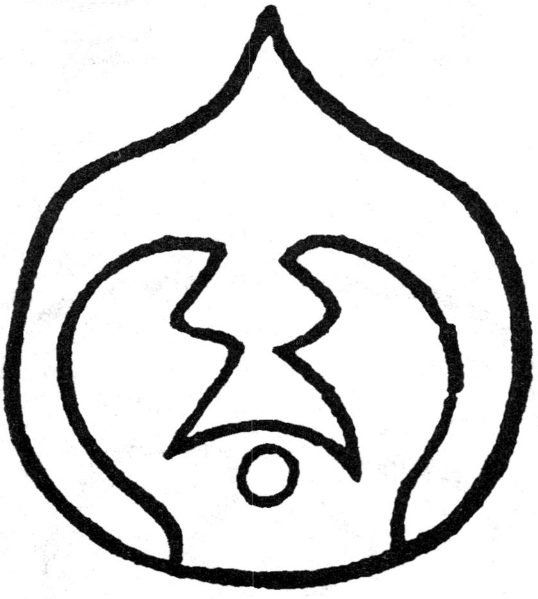

右图山洋略同，可以参看。盖山龙平地，虽属两途，而阴阳相济，归于一致。如太阳之象，阳之极也，阳多取阴，扦顶前微靥处，与山龙横开钳口，无出脉垂下，横担贴脊而扦者相同。太阴之象，阴之极也，阴多取阳，宜亲薄口，与山龙两边龙虎掬抱，中垂乳突之形，在檐下平处插葬者亦相同。太阳变少阴，是阳动而生阴，即山龙无显脉之深大窝钳，宜认阳脉而扦于水平脐结之处。太阴变少阳，乃阴动而生阳，即山龙乳突开口，唇气外铺，宜扦窝下之穴法。口有四象，形变多般，一隅三反，总不外乎阳来阴受，阴来阳受，阳多求阴，阴多求阳之理。平洋如此，山龙亦然。

附拱來圖

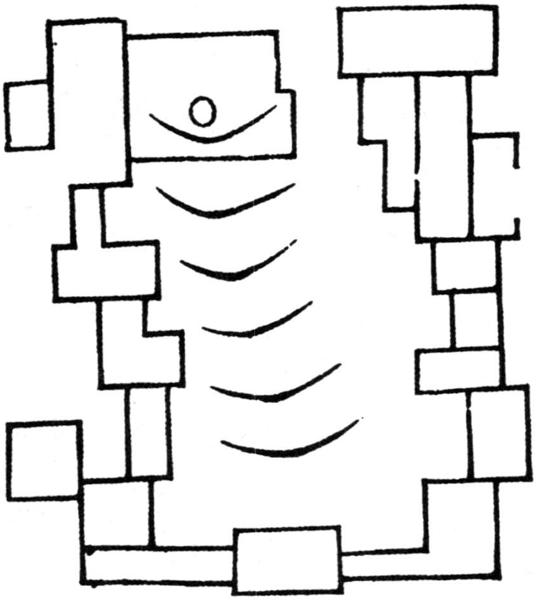

附收來圖

附魚鱗蹙之圖

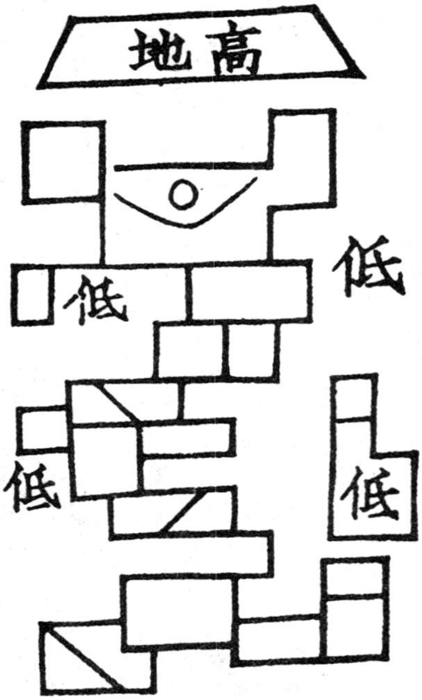

脊脉水绕

平洋方域不同，形体亦异，不先辨明，法无所施。今约为二，[①] 以概其余。陕、汴、齐、鲁之平洋，得西北地土高厚之气，与各方去山未远之平洋，得山脉未尽变之气，故以低田为坛垛，而龙脉行于其上，如瓜藤蔓延，以高田高地为龙为砂，低田低地为堂为界，穴后两边低田低地，如八字头之插入，据为束气，亦有以水浜为内界束气者，[②] 必有界龙之水在缠护砂水之外。[③] 此平洋尚带冈阜之体，廖公所谓"平洋乘脊气"是也。[④] 江浙水乡平洋，东南地势卑薄，去山甚远，冈体尽无者，故以水为坛垛，而龙脉行于其上，如簰浮水面，其平田平地，即为龙为砂，小河小浜，为缠为界。穴后两边小浜，如八字头之插入，为束气。亦有以低田为内界束气者。界龙之水，在缠护砂水之外，此平洋脊脉，隐伏难寻，杨公所谓"平洋看水绕"是也。[⑤] 应有脊脉处[⑥]而无尺寸之脊脉，必无钳口明堂，虽有砂水，勿为所惑；不能起脊脉处[⑦]而能有尺寸之脊脉，即高一寸为山，再得水缠，更为有据。乘脊气者，非不必以水绕证钳局，而可凭不独水绕，因体以见用也；[⑧] 看水绕者，非不必求脊脉于平薄，而可凭不惟脊脉，因用以推体也。[⑨] 谓之乘者，乘于阴开裹阳，阳开裹阴之口中也。阴开裹阳者，

---

① 即乘脊脉、看水绕二法。
② 近穴界入脉之水，故曰内界。
③ 界龙水在界入脉水之后，故在缠护砂水之外。
④ 此节论去山未远平洋，以脊脉证行龙。
⑤ 此节论去山已远平洋，以水绕证龙脉。
⑥ 此指去山未远，宜乘脊脉而言。
⑦ 此指去山已远，水绕平薄而言。
⑧ 脊脉为体，水绕为用。
⑨ 此节论乘脊脉者，以钳局证水绕；看水绕者，因水绕证脊脉。以下二节论穴。

后以脊脉尽处为顶，[①] 旁分两股为砂，前吐薄口为唇，中含低田低地为堂，穴水不分两边，但团聚于口内，为雌雄内结，如蜈蚣之钳，即所谓叉口、禾锹口也。阳开裹阴者，旁分两砂，中出一段，以脊脉微高为顶，以薄唇吐出为面，两旁有微分水痕，水外有微高钳局，[②] 其水自穴旁分开，而合于唇下，为雌雄外结，[③] 如莲花之心，即所谓三叉口、合角口也。然亦有太少之象焉，[④] 阴开裹阳，是太阳。其开口阔大，中起微突者，是少阴。阳开裹阴，是太阴。其脉体丰厚，中开微窝者，是少阳。[⑤] 如此，穴情方为的确，明堂方真。[⑥] 不然，虽有脊脉何为？[⑦] 谓之绕者，大水之内，要小水回环；下砂之外，要活水环绕也。盖大水众所共依，小水穴所独受。小浜界开龙砂之水，活水界止龙脉之水。故大水内有小水缠绕，气方聚而穴方真；下砂外有活水阳朝，龙方止而局方紧。然亦有雌雄之辨焉，[⑧] 左旋龙，其性情必趋向右，须右旋水，性情趋向左者配之，与本身下关砂相逆，共绕下砂外，会大合水而去；[⑨] 右旋龙，其性情必趋向左，须左旋水，性情趋向右者配之，与本身下关砂水相逆，共绕下砂外，会大合水而去。如是相媾，方谓之绕。不然，水倒龙去，[⑩] 为不媾不绕，虽有水合何为？[⑪] 有等去山未远，河多阔漾，渡水亦多，脊脉在尺寸之间，其内界多是小浜者，得两小浜左右环抱，界成龙虎，浜头插入，据为束气，龙左旋者，自然右浜缠过玄武，龙右旋者，自然左浜缠过玄武，方无流水冲顶之患，[⑫] 外面又有活水朝绕，如出水莲花形者，不必本身有开口钳局，自有真结。然脊脉微高，断不可少。[⑬] 有等去山甚远，多高田高地，渡水亦有脊脉可

---

① 脊脉尽处，必然微矬，故能见顶。
② 界水在内，钳局在外。
③ 雌雄内结外结，注详《乳突窝钳》篇。
④ 前篇四象兼论龙穴，此惟论穴开口之象。
⑤ 详《龙体穴形》篇。
⑥ 有真口方有明堂。
⑦ 此节论乘脊脉者，以钳口形象证穴，若但有脊脉而无钳口，亦非真结。
⑧ 龙水之合。
⑨ 界龙水。
⑩ 如龙右旋，水亦右旋是也。
⑪ 此节论水绕者，以龙水配合证穴。若山有小水之合，而龙水不交者，终假。
⑫ 此是浜底缠过，玄武水会穴前，非水往穴后流去也。
⑬ 此节论近山平洋，有水绕者不可无脊脉。

见，其内界多是低地低田者，得低田低地为束气，为明堂，高田高地为拦砂，为钳口者，不必本身有明水缠绕，亦成美地。[①] 然大水会合，亦断不可无。[②]

夫平洋不可不开口，而水乡独不然欤？曰：大界内有小界界开，大水内有小水缠绕，则大水之内有砂可知。其形如出水莲花者，与阳开裹阴之口何殊？[③]

然则，泊岸浮簰，与逆水沙洲二格，亦有缠绕之口欤？曰：二者皆在四水交会之内。[④] 泊岸浮簰，大水绕下砂，龙脉牵连不断；逆水砂洲，大水绕玄武，[⑤] 龙脉渡水而来，有缠护圩田，与回转余枝，皆透入水中，而星列于四面。界脉之水，必在缠护圩田与回转余枝之外。界穴之水，必在缠护圩田，与回转余枝之内。[⑥] 其中各自有条，非无分别。试于水涨时，散粗糠于上流，其内外分合之形自见。[⑦] 不然，穴星何以见其中尊自主？而四面隔水圩田如鱼如禽，如井田者，又何以见其外背内面相向有情？流水何能不冲其身耶？惟水绕可证其砂绕，砂绕则水不冲穴，而见其中尊自主也。于此推之，泊岸浮簰，是太阴之体，其隔水缠护圩田，如井田之形者，与中出一脉，旁分两砂之钳局何殊；逆水砂洲，是少阴之体，其四面缠护圩田，如禽鱼之形者，与太阳开口阔大，中起微突之钳局何殊？但太阴、少阴之口，砂胜者牵连地面，显露于堂界之内，此二者则在四水交会处，内外看之，证其钳局为少异耳。故曰“平洋不开口，神仙难下手”。平地水乡，其理一也。[⑧]

乘脊脉者，即枕球檐之意，亦阳来阴受，阴来阳受之意。得有真口，穴情方的，以开口为主，脊脉为客也。看水绕者，即先看下臂之意，亦即

---

① 到头一节，以低田低地为束气，即有界入穴之水；穴前有拦砂钳口，可证小水会合，故不必明水缠绕。

② 大水指界龙言。因无明水，故须大水会合以证龙止。此节论山远平洋，虽有脊脉，而无明水缠绕者，不可无大水会合。

③ 即太阴之体。

④ 界脉水两边分来，界穴水亦两边分来，均至穴前，左右会合，故曰四水交会。

⑤ 水绕穴后，仍于穴前会合。

⑥ 外内者，背面之意。言界脉水在缠护砂之背外，界穴水在缠护砂之内面也。

⑦ 此等穴形，须远着足力，细心理会。

⑧ 此节论水乡开口，申明水绕即有钳局之意。

论龙虎之意。故曰“无龙要水缠左畔，无虎要水绕右边”。山之龙虎，乃取开口之形，平洋水绕证钳局，亦取开口之形，以开口为主，水绕为客也。故不论高山平地，总以开口为贵。但其口有高低隐显、大小阴阳之不同。[1]

① 此篇大旨：乘脊脉者不可无水绕，看水绕者不可无脊脉。而乘脊脉不宜孤阴纯阳之独求，看水绕终须大水小水之相接，以见阴阳相济，方成配偶。更以钳局证水绕，水绕证钳局，发明开口之义，殊为创解。

出水蓮花之圖

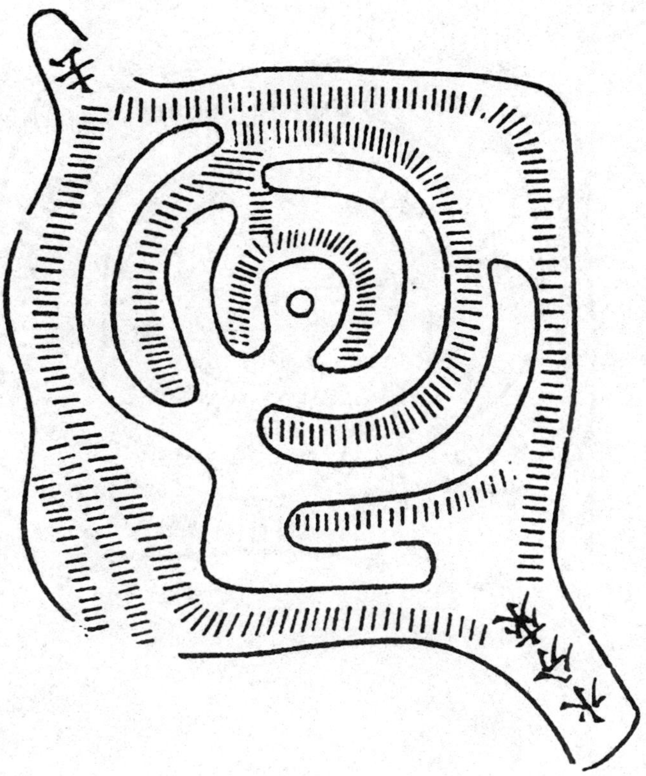

泊岸浮簰圖

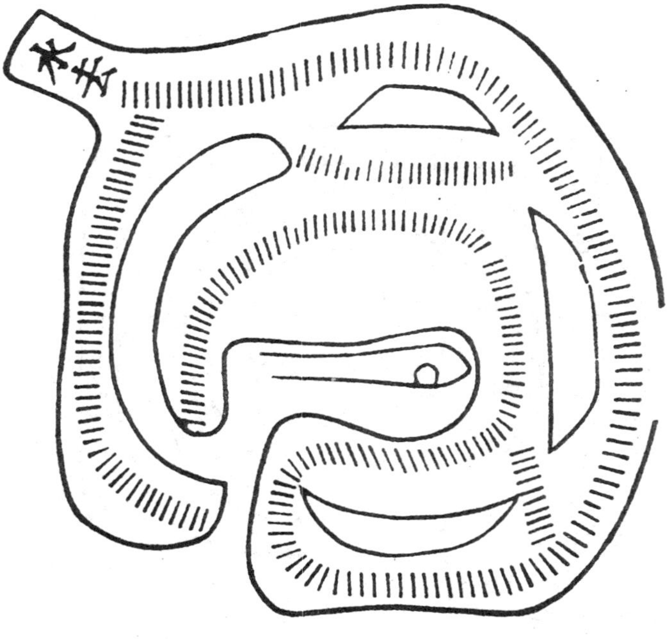

逆水砂洲圖

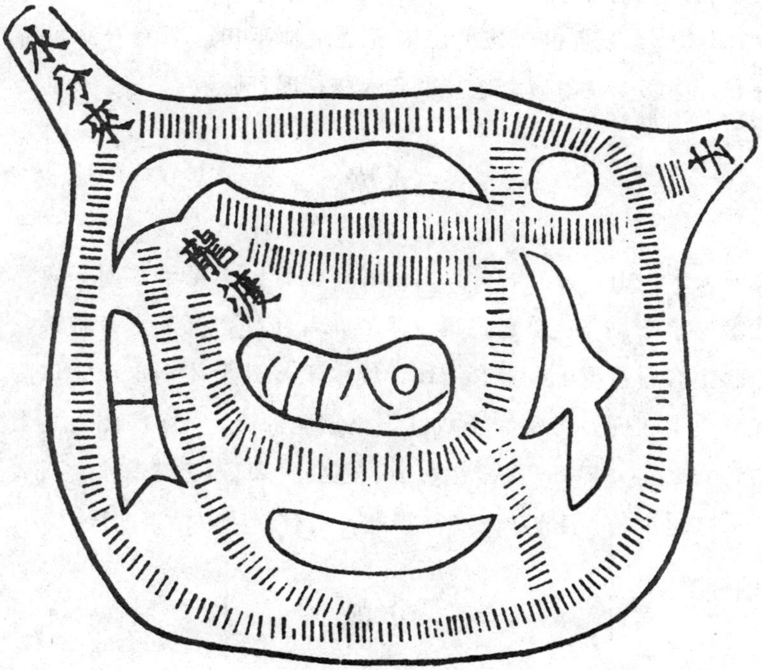

平田低田

或曰：去山已远之平洋，无脊脉之平田，亦可用水绕之法否？曰：江浙水乡，非无脊脉，但地势卑薄，穿渡复多，脊脉低伏而不见，故看水绕以证脊脉。所以无论低田湖乡，凡大势皆低者，内有微高之处，即为龙脊，只要收放向背分明，钳口唇堂可证，不以有水浸没而弃之。杨公曰“水退即同乾地力”是也。若去山未远之平地平田，原有脊脉可寻，其间若无脊脉，必是无龙虚假之地。纵有水绕，误扦必败。

水穴

真龙入水，山近者有石骨，山远者有土脊。或见于水面，如鸥凫之浴波；或潜形水底，如鱼鳖之隐藏。浮于洲者易扦，沉于水者难察。果后龙真的，水中有石骨硬土，自有结作。或水干露其形体，水浅钳口隐见，与干地龙脉穴情相同，可培客土成洲，仍掘至原处，① 搁棺乾土之上，掩土作堆。《经》云：“捉月②虽云在水中，还要土来封。”然其水温暖者真，故古有水底穴之说，③ 第非法眼不能辨此，稍有差池，贻误非浅。

火嘴

杨公曰：“高山落平地，若有火嘴，看火之尽处，又开钳口，为暗火开红，所谓‘火放灰中红影生’也，如尖嘴，不开钳口，为死火带煞，不可扦葬。”此言不解者多。予见倒地火嘴，阴砂绕抱，时师理葬尖上，坐下退田笔，立时祸败。后移至两火尖叉中，竟致灭绝。又有误会“落不

---

① 见原土而止。

② 廖公水底穴名。

③ 如无锡华氏鹅肫荡祖坟是其格也。

落，看尖角”之语，顶火尖而葬，祸不旋踵。殊不知“暗火开红”者，非火尖上下可以立穴。盖火炎上则烛照光明，星峰似此，多主文秀，因其本体枝脚尖射无情，故只堪作祖而无融结。平地火嘴，亦只可作后龙，须看火嘴之前，隔数亩田地，有高田高地涌起平中一突，① 侧卧是唇，两边砂抱，② 或尖尽处分开钳口，而成阳窝，出唇吐气，③ 有真正明堂者，方为暗火开红。若不明此，慎毋下穴。

沿海

沿海新涨沙地，虽坍涨不常，然民间居葬于此，未尝不发富贵人丁，当作三项论之。其一，涨起之地，如有行龙脊势分合情形者，此因水底原有龙脉，故涨起即有气以镕成，居葬其上，自可发福；其二，砂环水绕，俱在人功，气聚风藏，亦由造作，与攒基一般，虽无龙脉受镕成之气，亦能发福，但不长久；其三，新涨海滩，种植者开河泄水，取土培基，或从无情处修改，虽无龙虎，亦有界水，虽无生气，自得水神之生气，④ 亦可安其土而食其毛，崇明、宁绍海滨有富贵者，类多如此。

---

① 得土星更妙。

② 平中之突，四面皆低，全凭两砂为穴证，此殆如少阴之口。突大而微吐薄唇，穴前可容侧卧，如小明堂处，即是唇也。

③ 此即少阳之口，《大全》云：大山撒落平坡，气聚尖头者，要尖处起突，复开钳口，外有包砂方可。

④ 有水即有气。

山洋异同

高山之法，可通于平地，既晓高山，平洋不难，果尽同乎？曰：有同者，有异者，有大同小异者。盖山洋俱有祖宗、枝干、帐峡、缠护，行龙俱有两水夹送，结穴俱有圆唇界合，龙虎、明堂、下砂、水口、向背、聚散，此则同也。高山见火嘴，则气绝而不行；[①] 平地见火嘴，则龙行而穴近。[②] 高山患纯阴包煞，平洋患纯阳散漫；[③] 高山以砂势分合寻龙，得砂势包收，虽水不交会，斩腰截气，亦可葬也；[④] 平洋以水势分合寻龙，非四水交会，[⑤] 虽砂势兜收，风翼游鳞，难以作穴。[⑥] 此平地与高山之异也。[⑦] 高山以起伏为势，而收放亦显；平地以收放为势，而起伏甚微。高山起伏，虚设处多；平洋收放，虚设处少。高山节节分枝结咽而不成穴者，十之六七；平地或数里，或里许，分枝结咽而成穴者，十有六七。[⑧] 高山阴多，故取阳坦为穴，然传变纯阳，又当散中求聚而取突；平地阳多，故取平中一突，然传变纯阴，又当以阴取阳而寻窝。[⑨] 高山性刚，济之以柔，故曰"垅葬其麓"，传变为柔，又当济之以刚，葬巅之法可用；平地性柔，济之以刚，故曰"支葬其巅"，传变为急，又当济之以缓，葬麓之法可施。[⑩]

高山承脉就胎而葬，平地有脊脉者，亦宜坐高承气。平地穴居中则气

---

① 山龙跌断而尖利者，为死龙，为煞，故曰气绝不行。

② 平地火嘴，有束气之形，行龙束气细小则穴近。平洋有脊脉者，可证其来历，若无情处，虽有火尖之体，不以此论。

③ 此指无阴阳变化者言。

④ 山龙行度处，得砂势包收，自有界合，故不必明水交会，亦可以斩腰截气而扦。

⑤ 详《脊脉水绕》篇。

⑥ 四水不变则气何能聚？虽两边分砂如鸟之展翼，鱼之开翅，此送龙砂体，无止结真情。

⑦ 此节言山洋行龙之异。

⑧ 高山起伏多，故分枝结咽亦多，结地少者，砂势环聚处少也。平洋收放少，故分枝结咽亦少。结穴多者，平洋有束气即有真结也。此言山洋分枝束咽结穴之不同。

⑨ 此论阴阳形体。

⑩ 此论刚柔变通。

聚。[1] 高山穴，形俯者亦宜居中。[2] 高山以薄为生，变为纯阳，又以厚为生；平地以厚为生，变为纯阴，则以薄为生。[3] 高山忌风吹，平洋无贴身分合，[4] 亦忌风吹。平洋嫌水劫，[5] 高山跌断处，无痕影分水，亦嫌水劫。高山喜回龙逆结，下砂紧抱，水缠玄武，而贴穴无小水缠绕，见水之去者则忌。[6] 高山穴前，水聚天心者贵；平洋向低，水聚天心而有重砂包裹者亦贵。[7] 高山以动为生，平地以圆为活。[8] 高山傍砂点穴，平洋依水寻龙，[9] 此高山平地，同中有异，异中有同也。[10]

---

① 此指平地之窟，唇吐口外，及金盆形之穴法言，详见《龙体穴形》篇。

② 山形俯者，穴在低处，居中者，脐靥之中，此言承气。

③ 此节言弃取，统节论山洋穴法异同。

④ 即是不开口。

⑤ 详《渡劫》篇。

⑥ 山龙逆结，下砂紧抱，大水缠玄武而去，其贴身自有界穴之水，入首处必有束气界脉干流，平洋逆结亦然。若大水即在穴旁缠玄武而去者，内无界穴小水，后无束气，俱不成地。故坐低田低地与池浜者，穴后小水均宜绕至穴前左右会合而去，方合坐空之法。

⑦ 平洋忌向低者，穴前水不聚也。得水聚天心，更有重砂包裹，最吉。此言山洋分合水，及水缠穴后、水聚穴前异同。

⑧ 山静宜动，凡小来忽大，曲来忽直，直来忽转面，平来忽吐唇，峻来忽平坦，速来忽圆静，皆天然生动之气。圆者，动之机；活者，气之见。穴前之唇，穴旁之腮，与穴外之砂，皆有圆转之情，亦是生气。山洋皆然。至平洋穴，或坐水，或扳水，或倚于左右，均宜亲砂水圆活之处。

⑨ 此就山洋显见者言。然平洋立穴，未尝不配砂，高山寻龙，未尝不依水也。

⑩ 以上四节，统论山洋龙穴异同。

跋

地理书首推杨、曾、廖、赖，但文辞深邃，每求解人不得。周师撰《指迷》书四卷，前贤秘旨，藉以发明，洵为杨、曾、廖、赖诸书阐注。

俞子归璞，叔氏卿瞻，以是书相传年远，抄录舛讹，取旧藏原本，增注刊行，不啻元珠在握，宝镜重光，有裨于究心斯道者，意良厚。吾郡钟式林先生云：“地非无行之人所能指，亦非无行之人所能得。”予愿读是书者，潜心揣摩，自可登杨、曾、廖、赖之堂，更以忠孝廉洁存心，无负周师传书意，眠牛白鹤，古人盖确有可正焉。

乾隆丁未腊月，山阴吴太古跋

山洋指迷四卷

明周景一撰。景一临海人，元末佐张士诚襄赞军事吉壤，败，避居绍兴，客州山吴氏，为吴氏卜葬，多吉壤。郡人闻其名，争相罗致，凡越中古墓，其碑碣有勒守宫形者，皆景一所下。绍勋尝至其地，相景一卜葬之墓，悉中形法家言。所著《山洋指迷》四卷，言山形者三卷，平洋一卷，条理分明，一扫繁碎之病，足为形法诸书之南针，取名指迷，洵不诬也。景一又有《寻龙歌》，未梓行，钞本颇多，类皆舛讹百出，同邑丁氏嘉惠堂亦有此本，似较他本为善，附录卷末。

录周景一先生寻龙歌

万山中有最高峰，此是龙家大祖宗。
直从巅顶细查之，或干或枝分正从。
正龙当心阳出脉，从分两翼分排列。
劈脉分枝逐节寻，前去精神看过峡。
龙起大顶耸明肩，肩下最宜生蝉翼。
蝉翼不生脉不明，脉及行时亦硬直。
心腰中出阳生脉，前去定结真奇穴。
贯顶饱而阴死出，只作应乐罗城列。
此砂脉尽穴旁生，落脉无此界穿肋。
远寻祖宗近入首，入首入手仔细搂。
龙辨吉凶定贵贱，皆由于此无差谬。
所以龙重到头山，顶上星辰体要端。
星辰无面不垂头，有面仍同菩萨观。
化生脑下寻微肩，头不垂分顶必蹋。
头垂不塌看矬平，平来还翫知的端。
有似孩儿囟门样，穴成窝突凭呼吸。
阴阳生死在微茫，从此寻时端可识。
古言穴如瓜在藤，大龙尽处防气绝。
真龙多是落半腰，逐节还寻偷闪出。
大山之下再起峰，此是少祖龙顿跌。
那边开面那边真，否则非龙成砂脊。
闪龙亦有不起顶，偷落旁肩难推识。
八字虽无面目开，莫作余枝轻抛撇。
旁结之小帐面多，不是挂支即分结。
凡是正龙顶背圆，从出朝人主端立。
亦有正龙出脉偏，贴身侍卫何曾缺。

从龙出正性情偏，不暇自主情非一。
果是正龙真气到，自然四应俱周密。
走偏藏隐开小堂，何必堂堂对大洋。
搜奇搜出真精髓，奇文却是正文章。
一法惟凭应与堂，得局寻龙亦有方。
水从龙行千万里，龙止水界炁自藏。
更有寻龙看盘旋，我亦时常闻其说。
更有寻龙看盘旋，我亦时常闻其说。
大势左转从右寻，大势右转向左觅。
看尽龙神变最多，五星九曜难细述。
正必端严变必斜，龙到结穴同一律。
最怕前人开凿来，顿使真龙先天失。
总须细看凭赶裹，误葬多因循外迹。
莫道寻龙便不难，穴上情形龙上看。
龙无全护结单提，左右由来总一般。
立穴虽然名邑多，乳突窝钳法里全。
双臂还似偏窝像，悬乳悬胆皆突变。
倒气乘掌大指根，垂珠瓦角下比牵。
窝大无突依实法，窝深无突去寻弦。
浅窄窝形如何取，乘气惟从正折安。
窝中突大再寻窝，如无窝时褥上粘。
来脉化硬实脱平，微微隐突下于簷。
侧突脉斜正受穴，正突脉直闪侧间。
一突一窝尽万变，弦面分明妙法传。
莫认游胲与虚窟，无脉窝突别样看。
龙之真者脉自露，穴之真者气自现。
所以先要识龙精，识得龙精穴易点。
识穴又当识葬法，盖粘倚撞顺逆安。
撞是正穴倚是偏，粘如地穴盖如天。
要识顺逆横直倒，十二倒杖法最玄。

葬到成形穴更明，顾子龟形眼里存。
听蛤黄蛇情在耳，汲水牛马鼻内针。
飞凤飞凰情两翼，眠牛眠犬腹内真。
飞天蜈蚣钳内藏，啸天龙形口中认。
更有妙诀少人知，穴真自然应乐真。
第一点穴看圆唇，正圆侧圆那边亲。
假唇圆时从边出，圆处深藏情始真。
第二看穴看明堂，不论正侧与圆方。
但看交水分真假，亲正亲似两法当。
第三看穴证砂水，更从砂水分向背。
无砂无水如何取，分尽之处肌理开。
第四点穴看官鬼，横斜脉到两般看。
前唇后枕能区别，一任奇形亦不难。
乳突穴全凭蝉翼，窝钳穴看牛角砂。
砂分照应穴之据，砂成龙虎穴之俌。
砂成帐角穴之势，砂生枝脚穴之护。
龙无迎送龙不来，穴无迎送穴恐露。
或为缠护与罗城，四应均平日月尊。
天弧天角排左右，天乙太乙两边存。
金鱼袋似腰间挂，排衙唱喏多禀承。
驾龙驾虎要回头，拭泪走窜此中看。
砂法性情非一端，得力全在下手山。
下手山如勒马形，逆转能将气局关。
莫道顺龙无下砂，只将对面作关阑。
顺水之砂曰退神，进神砂从水逆转。
案山一湾掩百病，最忌臃肿与懒顽。
是砂亦要形入相，成星开面喜相扳。
金星旁列多巨武，土星夹耳亦同详。
储钱峰似馒头样，状元笔从参天起。
用贵须知主更崇，主不尊兮吉化凶。

木如燥火贵亦灾，金似孤罡富后穷。
更嫌太纯无化气，委靡不振少和同。
如能相间复相生，将相公侯砂法中。
龙穴真时砂是真，吉凶还须看水神。
之玄多吉直荡凶，古仙有诀亦谆谆。
色亦可观味可尝，最喜澄清旨与香。
若是臭苦恐非吉，污浊黑暗亦欠良。
此法精微真奇妙，世术茫然何不晓。
但云大水要洋潮，谁知仰荡祸非小。
是故水法受凝聚，不论细流并潦倒。
凝聚无砂水亦收，流荡愈大愈不妙。
局顺龙真贵亦贫，水大地窄富多夭。
顺流之凶人共知，大朝之祸人知少。
古法暗拱与明朝，水大番身法术妙。
此号退藏传秘术，避割避冲人莫晓。
朝拱冲割实难容，祸福机关反掌中。
真龙自有真水应，不喜洋朝反为贵。
得水真龙结真穴，全凭血脉荫真胎。
流神不协事如何，高山真龙结真窠。
平洋万水朝东去，先后两天法最宏。
局法当立兼水法，半由天成半人功。

周易书斋精品书目

书名	作者	定价	版别
影印涵芬楼本正统道藏 [典藏宣纸版;全512函1120册]	[明]张宇初编	480000.00	九州
影印涵芬楼本正统道藏 [再造善本;全512函1120册]	[明]张宇初编	280000.00	九州
重刊术藏[全6箱,精装100册]	谢路军主编	58000.00	九州
续修术藏[全6箱,精装100册]	谢路军主编	58000.00	九州
道藏[全6箱,精装60册]	谢路军主编	48000.00	九州
焦循文集[全精装18册]	[清]焦循撰	9800.00	九州
邵子全书[全精装15册]	[宋]邵雍撰	9600.00	九州
子部珍本备要(以下为分函购买价格)		178000.00	九州
001 岣嵝神书	宣纸线装1函1册	280.00	九州
002 地理啖蔗録	宣纸线装1函4册	880.00	九州
003 地理玄珠精选	宣纸线装1函4册	880.00	九州
004 地理琢玉斧峦头歌括	宣纸线装1函4册	880.00	九州
005 金氏地学粹编	宣纸线装3函8册	1840.00	九州
006 风水一书	宣纸线装1函4册	880.00	九州
007 风水二书	宣纸线装1函4册	880.00	九州
008 增注周易神应六亲百章海底眼	宣纸线装1函1册	280.00	九州
009 卜易指南	宣纸线装1函1册	280.00	九州
010 大六壬占验	宣纸线装1函1册	280.00	九州
011 真本六壬神课金口诀	宣纸线装1函3册	680.00	九州
012 太乙指津	宣纸线装1函2册	480.00	九州
013 太乙金钥匙 太乙金钥匙续集	宣纸线装1函1册	280.00	九州
014 奇门遁甲占验天时	宣纸线装1函2册	480.00	九州
015 南阳掌珍遁甲	宣纸线装1函1册	280.00	九州
016 达摩易筋经 易筋经外经图说 八段锦	宣纸线装1函1册	280.00	九州
017 钦天监彩绘真本推背图	宣纸线装1函2册	680.00	九州
018 清抄全本玉函通秘	宣纸线装1函3册	680.00	九州
019 灵棋经	宣纸线装1函1册	280.00	九州
020 道藏灵符秘法	宣纸线装4函9册	2100.00	九州
021 地理青囊玉尺度金针集	宣纸线装1函6册	1280.00	九州
022 奇门秘传九宫纂要	宣纸线装1函1册	280.00	九州
023 影印清抄耕寸集－真本子平真诠	宣纸线装1函2册	480.00	九州

书　名	作　者	定　价	版别
024 新刊合并官板音义评注渊海子平	宣纸线装1函2册	480.00	九州
025 影抄宋本五行精纪	宣纸线装1函6册	1280.00	九州
026 影印明刻阴阳五要奇书1－郭氏阴阳元经	宣纸线装1函2册	480.00	九州
027 影印明刻阴阳五要奇书2－克择璇玑括要	宣纸线装1函1册	280.00	九州
028 影印明刻阴阳五要奇书3－阳明按索图	宣纸线装1函2册	480.00	九州
029 影印明刻阴阳五要奇书4－佐玄直指	宣纸线装1函2册	480.00	九州
030 影印明刻阴阳五要奇书5－三白宝海钩玄	宣纸线装1函1册	280.00	九州
031 相命图诀许负相法十六篇合刊	宣纸线装1函1册	280.00	九州
032 玉掌神相神相铁关刀合刊	宣纸线装1函1册	280.00	九州
033 古本太乙淘金歌	宣纸线装1函1册	280.00	九州
034 重刊地理葬埋黑通书	宣纸线装1函2册	480.00	九州
035 壬归	宣纸线装1函2册	480.00	九州
036 大六壬苗公鬼撮脚二种合刊	宣纸线装1函1册	280.00	九州
037 大六壬鬼撮脚射覆	宣纸线装1函2册	480.00	九州
038 大六壬金柜经	宣纸线装1函1册	280.00	九州
039 纪氏奇门秘书仕学备余	宣纸线装1函1册	280.00	九州
040 八门九星阴阳二遁全本奇门断	宣纸线装2函18册	3680.00	九州
041 李卫公奇门心法	宣纸线装1函1册	280.00	九州
042 武侯行兵遁甲金函玉镜海底眼	宣纸线装1函1册	280.00	九州
043 诸葛武侯奇门千金诀	宣纸线装1函1册	280.00	九州
044 隔夜神算	宣纸线装1函1册	280.00	九州
045 地理五种秘籍合刊	宣纸线装1函1册	280.00	九州
046 地理雪心赋句解	宣纸线装1函2册	480.00	九州
047 九天玄女青囊经	宣纸线装1函1册	280.00	九州
048 考定撼龙经	宣纸线装1函1册	280.00	九州
049 刘江东家藏善本葬书	宣纸线装1函1册	280.00	九州
050 杨公六段玄机赋杨筠松安门楼玉辇经合刊	宣纸线装1函1册	280.00	九州
051 风水金鉴	宣纸线装1函1册	280.00	九州
052 新镌碎玉剖秘地理不求人	宣纸线装1函2册	480.00	九州
053 阳宅八门金光斗临经	宣纸线装1函1册	280.00	九州
054 新镌徐氏家藏罗经顶门针	宣纸线装1函2册	480.00	九州
055 影印乾隆丙午刻本地理五诀	宣纸线装1函4册	880.00	九州
056 地理诀要雪心赋	宣纸线装1函2册	480.00	九州
057 蒋氏平阶家藏善本插泥剑	宣纸线装1函1册	280.00	九州
058 蒋大鸿家传地理归厚录	宣纸线装1函1册	280.00	九州
059 蒋大鸿家传三元地理秘书	宣纸线装1函1册	280.00	九州

书　　名	作　者	定　价	版别
060 蒋大鸿家传天星选择秘旨	宣纸线装1函1册	280.00	九州
061 撼龙经批注校补	宣纸线装1函4册	880.00	九州
062 疑龙经批注校补－全	宣纸线装1函1册	280.00	九州
063 种筠书屋较订山法诸书	宣纸线装1函2册	480.00	九州
064 堪舆倒杖诀 拨砂经遗篇 合刊	宣纸线装1函1册	280.00	九州
065 认龙天宝经	宣纸线装1函1册	280.00	九州
066 天机望龙经刘氏心法 杨公骑龙穴诗合刊	宣纸线装1函1册	280.00	九州
067 风水一夜仙秘传三种合刊	宣纸线装1函1册	280.00	九州
068 新镌地理八窍	宣纸线装1函2册	480.00	九州
069 地理解醒	宣纸线装1函1册	280.00	九州
070 峦头指迷	宣纸线装1函3册	680.00	九州
071 茅山上清灵符	宣纸线装1函2册	480.00	九州
072 茅山上清镇禳摄制秘法	宣纸线装1函1册	280.00	九州
073 天医祝由科秘抄	宣纸线装1函2册	480.00	九州
074 千镇百镇桃花镇	宣纸线装1函2册	480.00	九州
075 轩辕碑记医学祝由十三科治病奇书合刊	宣纸线装1函1册	280.00	九州
076 清抄真本祝由科秘诀全书	宣纸线装1函3册	680.00	九州
077 增补秘传万法归宗	宣纸线装1函2册	480.00	九州
078 祝由科诸符秘卷祝由科诸符秘旨合刊	宣纸线装1函1册	280.00	九州
079 辰州符咒大全	宣纸线装1函4册	880.00	九州
080 万历初刻三命通会	宣纸线装2函12册	2480.00	九州
081 新编三车一览子平渊源注解	宣纸线装1函3册	680.00	九州
082 命理用神精华	宣纸线装1函3册	680.00	九州
083 命学探骊集	宣纸线装1函1册	280.00	九州
084 相诀摘要	宣纸线装1函2册	480.00	九州
085 相法秘传	宣纸线装1函1册	280.00	九州
086 新编相法五总龟	宣纸线装1函1册	280.00	九州
087 相学统宗心易秘传	宣纸线装1函2册	480.00	九州
088 秘本大清相法	宣纸线装1函2册	480.00	九州
089 相法易知	宣纸线装1函1册	280.00	九州
090 星命风水秘传	宣纸线装1函1册	280.00	九州
091 大六壬隔山照	宣纸线装1函2册	480.00	九州
092 大六壬考正	宣纸线装1函1册	280.00	九州
093 大六壬类阐	宣纸线装1函2册	480.00	九州
094 六壬心镜集注	宣纸线装1函1册	280.00	九州
095 遁甲吾学编	宣纸线装1函2册	480.00	九州

书　　名	作　者	定　价	版别
096 刘明江家藏善本奇门衍象	宣纸线装1函1册	280.00	九州
097 遁甲天书秘文	宣纸线装1函2册	480.00	九州
098 金枢符应秘文	宣纸线装1函2册	480.00	九州
099 秘传金函奇门隐遁丁甲法书	宣纸线装1函2册	480.00	九州
100 六壬行军指南	宣纸线装2函10册	2080.00	九州
101 家藏阴阳二宅秘诀线法	宣纸线装1函2册	480.00	九州
102 阳宅一书阴宅一书合刊	宣纸线装1函1册	280.00	九州
103 地理法门全书	宣纸线装1函1册	280.00	九州
104 四真全书玉钥匙	宣纸线装1函1册	280.00	九州
105 重刊官板玉髓真经	宣纸线装1函4册	880.00	九州
106 明刊阳宅真诀	宣纸线装1函2册	480.00	九州
107 阳宅指南	宣纸线装1函1册	280.00	九州
108 阳宅秘传三书	宣纸线装1函1册	280.00	九州
109 阳宅都天滚盘珠	宣纸线装1函1册	280.00	九州
110 纪氏地理水法要诀	宣纸线装1函1册	280.00	九州
111 李默斋先生地理辟径集	宣纸线装1函2册	480.00	九州
112 李默斋先生辟径集续篇 地理秘缺	宣纸线装1函2册	480.00	九州
113 地理辨正自解	宣纸线装1函1册	280.00	九州
114 形家五要全编	宣纸线装1函4册	880.00	九州
115 地理辨正抉要	宣纸线装1函1册	280.00	九州
116 地理辨正揭隐	宣纸线装1函1册	280.00	九州
117 地学铁骨秘	宣纸线装1函1册	280.00	九州
118 地理辨正发秘初稿	宣纸线装1函1册	280.00	九州
119 三元宅墓图	宣纸线装1函1册	280.00	九州
120 参赞玄机地理仙婆集	宣纸线装2函8册	1680.00	九州
121 幕讲禅师玄空秘旨浅注外七种	宣纸线装1函1册	280.00	九州
122 玄空挨星图诀	宣纸线装1函1册	280.00	九州
123 影印稿本玄空地理筌蹄	宣纸线装1函1册	280.00	九州
124 玄空古义四种通释	宣纸线装1函2册	480.00	九州
125 地理疑义答问	宣纸线装1函1册	280.00	九州
126 王元极地理辨正冒禁录	宣纸线装1函1册	280.00	九州
127 王元极校补天元选择辨正	宣纸线装1函3册	680.00	九州
128 王元极选择辨真全书	宣纸线装1函1册	280.00	九州
129 王元极增批地理冰海原本地理冰海合刊	宣纸线装1函1册	280.00	九州
130 王元极三元阳宅萃篇	宣纸线装1函2册	480.00	九州
131 尹一勺先生地理精语	宣纸线装1函1册	280.00	九州

书　　名	作　者	定　价	版别
132 古本地理元真	宣纸线装1函2册	480.00	九州
133 杨公秘本搜地灵	宣纸线装1函1册	280.00	九州
134 秘藏千里眼	宣纸线装1函1册	280.00	九州
135 道光刊本地理或问	宣纸线装1函1册	280.00	九州
136 影印稿本地理秘诀	宣纸线装1函2册	480.00	九州
137 地理秘诀隔山照 地理括要 合刊	宣纸线装1函1册	280.00	九州
138 地理前后五十段	宣纸线装1函2册	480.00	九州
139 心耕书屋藏本地经图说	宣纸线装1函1册	280.00	九州
140 地理古本道法双谭	宣纸线装1函1册	280.00	九州
141 奇门遁甲元灵经	宣纸线装1函1册	280.00	九州
142 黄帝遁甲归藏大意 白猿真经 合刊	宣纸线装1函1册	280.00	九州
143 遁甲符应经	宣纸线装1函2册	480.00	九州
144 遁甲通明钤	宣纸线装1函1册	280.00	九州
145 景祐奇门秘纂	宣纸线装1函2册	480.00	九州
146 奇门先天要论	宣纸线装1函2册	480.00	九州
147 御定奇门古本	宣纸线装1函2册	480.00	九州
148 奇门吉凶格解	宣纸线装1函1册	280.00	九州
149 御定奇门宝鉴	宣纸线装1函3册	680.00	九州
150 奇门阐易	宣纸线装1函2册	480.00	九州
151 六壬总论	宣纸线装1函1册	280.00	九州
152 稿抄本大六壬翠羽歌	宣纸线装1函1册	280.00	九州
153 都天六壬神课	宣纸线装1函1册	280.00	九州
154 大六壬易简	宣纸线装1函2册	480.00	九州
155 太上六壬明鉴符阴经	宣纸线装1函1册	280.00	九州
156 增补关煞袖里金百中经	宣纸线装1函1册	280.00	九州
157 演禽三世相法	宣纸线装1函2册	480.00	九州
158 合婚便览 和合婚姻咒 合刊	宣纸线装1函1册	280.00	九州
159 神数十种	宣纸线装1函1册	280.00	九州
160 神机灵数一掌经金钱课合刊	宣纸线装1函1册	280.00	九州
161 阴阳二宅易知录	宣纸线装1函2册	480.00	九州
162 阴宅镜	宣纸线装1函2册	480.00	九州
163 阳宅镜	宣纸线装1函1册	280.00	九州
164 清精抄本六圃地学	宣纸线装1函1册	280.00	九州
165 形峦神断书	宣纸线装1函1册	280.00	九州
166 堪舆三昧	宣纸线装1函1册	280.00	九州
167 遁甲奇门捷要	宣纸线装1函1册	280.00	九州

书　　名	作　者	定　价	版别
168 奇门遁甲备览	宣纸线装1函1册	280.00	九州
169 原传真本石室藏本圆光真传秘诀合刊	宣纸线装1函1册	280.00	九州
170 明抄全本壬归	宣纸线装1函4册	880.00	九州
171 董德彰水法秘诀水法断诀合刊	宣纸线装1函1册	280.00	九州
172 董德彰先生水法图说	宣纸线装1函1册	280.00	九州
173 董德彰先生泄天机纂要	宣纸线装1函2册	480.00	九州
174 李默斋先生地理秘传	宣纸线装1函2册	480.00	九州
175 新锓希夷陈先生紫微斗数全书	宣纸线装1函3册	680.00	九州
176 海源阁藏明刊麻衣相法全编	宣纸线装1函2册	480.00	九州
177 袁忠彻先生相法秘传	宣纸线装1函3册	680.00	九州
178 火珠林要旨 筮杙	宣纸线装1函2册	480.00	九州
179 火珠林占法秘传 续筮杙	宣纸线装1函1册	280.00	九州
180 六壬类聚	宣纸线装1函4册	880.00	九州
本书制作中,180 后将于 2019 年依次面世			
阳宅三要[宣纸线装一函三册]	[清]赵九峰撰	298.00	华龄
绘图全本鲁班经匠家镜[宣纸线装一函四册]	[周]鲁班著	680.00	华龄
青囊海角经[宣纸线装一函四册]	[晋]郭璞著	680.00	华龄
地理点穴撼龙经[宣纸线装一函三册]	[清]寇宗注	680.00	华龄
秘藏疑龙经大全[宣纸线装一函一册]	[清]寇宗注	280.00	华龄
杨公秘本山法备收[宣纸线装一函一册]	[清]寇宗注	280.00	华龄
校正全本地学答问[宣纸线装一函三册]	[清]魏清江撰	680.00	华龄
赖仙原本催官经[宣纸线装一函一册]	[宋]赖布衣撰	280.00	华龄
赖仙催官篇注[宣纸线装一函一册]	[宋]赖布衣撰	280.00	华龄
尹注赖仙催官篇[宣纸线装一函一册]	[宋]赖布衣撰	280.00	华龄
赖仙心印[宣纸线装一函一册]	[宋]赖布衣撰	280.00	华龄
新刻赖太素天星催官解[宣纸线装一函二册]	[宋]赖布衣撰	480.00	华龄
天机秘传青囊内传[宣纸线装一函一册]	[清]焦循撰	280.00	华龄
阳宅斗首连篇秘授[宣纸线装一函一册]	[明]卢清廉撰	280.00	华龄
精刻编集阳宅真传秘诀[宣纸线装一函二册]	[明]李邦祥撰	480.00	华龄
秘传全本六壬玉连环[宣纸线装一函二册]	[宋]徐次宾撰	480.00	华龄
秘传仙授奇门[宣纸线装一函二册]	[清]湖海居士辑	480.00	华龄
祝由科诸符秘卷祝由科诸符秘旨合刊[宣纸线装一函二册]	[清]郭相经辑	480.00	华龄
校正古本入地眼图说[宣纸线装一函二册]	[宋]辜托长老撰	480.00	华龄
校正全本钻地眼图说[宣纸线装一函二册]	[宋]辜托长老撰	480.00	华龄
赖公七十二葬法[宣纸线装一函二册]	[宋]赖布衣撰	480.00	华龄

书　　名	作　者	定　价	版别
新刻杨筠松秘传开门放水阴阳捷径[宣纸线装一函二册]	[唐]杨筠松撰	480.00	华龄
校正古本地理五诀[宣纸线装一函二册]	[清]赵九峰撰	480.00	华龄
重校古本地理雪心赋[宣纸线装一函二册]	[唐]卜应天撰	480.00	华龄
宋国师吴景鸾先天后天理气心印补注[宣纸线装一函一册]	[宋]吴景鸾撰	280.00	华龄
新刊宋国师吴景鸾秘传夹竹梅花院纂[宣纸线装一函二册]	[宋]吴景鸾撰	480.00	华龄
连山[宣纸线装一函一册]	[清]马国翰辑	280.00	华龄
归藏[宣纸线装一函一册]	[清]马国翰辑	280.00	华龄
周易虞氏义笺订[宣纸线装一函六册]	[清]李翊灼订	1180.00	华龄
周易参同契通真义[宣纸线装一函二册]	[后蜀]彭晓撰	480.00	华龄
御制周易[宣纸线装一函三册]	武英殿影宋本	680.00	华龄
宋刻周易本义[宣纸线装一函四册]	[宋]朱熹撰	980.00	华龄
易学启蒙[宣纸线装一函二册]	[宋]朱熹撰	480.00	华龄
易余[宣纸线装一函二册]	[明]方以智撰	480.00	九州
明抄真本梅花易数[宣纸线装一函三册]	[宋]邵雍撰	480.00	九州
古本皇极经世书[宣纸线装一函三册]	[宋]邵雍撰	980.00	九州
奇门鸣法[宣纸线装一函二册]	[清]龙伏山人撰	680.00	华龄
奇门衍象[宣纸线装一函二册]	[清]龙伏山人撰	480.00	华龄
奇门枢要[宣纸线装一函二册]	[清]龙伏山人撰	480.00	华龄
奇门仙机[宣纸线装一函三册]	王力军校订	298.00	华龄
奇门心法秘纂[宣纸线装一函三册]	王力军校订	298.00	华龄
御定奇门秘诀[宣纸线装一函三册]	[清]湖海居士辑	680.00	华龄
龙伏山人存世文稿[宣纸线装五函十册]	[清]矫子阳撰	2800.00	九州
奇门遁甲鸣法[宣纸线装一函二册]	[清]矫子阳撰	680.00	九州
奇门遁甲衍象[宣纸线装一函二册]	[清]矫子阳撰	480.00	九州
奇门遁甲枢要[宣纸线装一函二册]	[清]矫子阳撰	480.00	九州
遯甲括囊集[宣纸线装一函三册]	[清]矫子阳撰	980.00	九州
增注蒋公古镜歌[宣纸线装一函一册]	[清]矫子阳撰	180.00	九州
宫藏奇门大全[线装五函二十五册]	[清]湖海居士辑	6800.00	影印
遁甲奇门秘传要旨大全[线装二函十册]	[清]范阳耐寒子辑	6200.00	影印
增广神相全编[线装一函四册]	[明]袁珙订正	980.00	影印
订正六壬金口诀[宣纸线装一函六册]	[清]巫国匡辑	1280.00	华龄
六壬神课金口诀[宣纸线装一函三册]	[明]适适子撰	298.00	华龄
改良三命通会[宣纸线装一函四册,第二版]	[明]万民英撰	980.00	华龄
增补选择通书玉匣记[宣纸线装一函二册]	[晋]许逊撰	480.00	华龄

书　　名	作　者	定　价	版别
增补四库青乌辑要[宣纸线装全18函59册]	郑同校	11680.00	九州
第1种:宅经[宣纸线装1册]	[署]黄帝撰	180.00	九州
第2种:葬书[宣纸线装1册]	[晋]郭璞撰	220.00	九州
第3种:青囊序青囊奥语天玉经[宣纸线装1册]	[唐]杨筠松撰	220.00	九州
第4种:黄囊经[宣纸线装1册]	[唐]杨筠松撰	220.00	九州
第5种:黑囊经[宣纸线装2册]	[唐]杨筠松撰	380.00	九州
第6种:锦囊经[宣纸线装1册]	[晋]郭璞撰	200.00	九州
第7种:天机贯旨红囊经[宣纸线装2册]	[清]李三素撰	380.00	九州
第8种:玉函天机素书/至宝经[宣纸线装1册]	[明]董德彰撰	200.00	九州
第9种:天机一贯[宣纸线装2册]	[清]李三素撰辑	380.00	九州
第10种:撼龙经[宣纸线装1册]	[唐]杨筠松撰	200.00	九州
第11种:疑龙经葬法倒杖[宣纸线装1册]	[唐]杨筠松撰	220.00	九州
第12种:疑龙经辨正[宣纸线装1册]	[唐]杨筠松撰	200.00	九州
第13种:寻龙记太华经[宣纸线装1册]	[唐]曾文辿撰	220.00	九州
第14种:宅谱要典[宣纸线装2册]	[清]铣溪野人校	380.00	九州
第15种:阳宅必用[宣纸线装2册]	心灯大师校订	380.00	九州
第16种:阳宅撮要[宣纸线装2册]	[清]吴鼒撰	380.00	九州
第17种:阳宅正宗[宣纸线装1册]	[清]姚承舆撰	200.00	九州
第18种:阳宅指掌[宣纸线装2册]	[清]黄海山人撰	380.00	九州
第19种:相宅新编[宣纸线装1册]	[清]焦循校刊	240.00	九州
第20种:阳宅井明[宣纸线装2册]	[清]邓颖出撰	380.00	九州
第21种:阴宅井明[宣纸线装1册]	[清]邓颖出撰	220.00	九州
第22种:灵城精义[宣纸线装2册]	[南唐]何溥撰	380.00	九州
第23种:龙穴砂水说[宣纸线装1册]	清抄秘本	180.00	九州
第24种:三元水法秘诀[宣纸线装2册]	清抄秘本	380.00	九州
第25种:罗经秘传[宣纸线装2册]	[清]傅禹辑	380.00	九州
第26种:穿山透地真传[宣纸线装2册]	[清]张九仪撰	380.00	九州
第27种:催官篇发微论[宣纸线装2册]	[宋]赖文俊撰	380.00	九州
第28种:入地眼神断要诀[宣纸线装2册]	清抄秘本	380.00	九州
第29种:玄空大卦秘断[宣纸线装1册]	清抄秘本	200.00	九州
第30种:玄空大五行真传口诀[宣纸线装1册]	[明]蒋大鸿等撰	220.00	九州
第31种:杨曾九宫颠倒打劫图说[宣纸线装1册]	[唐]杨筠松撰	200.00	九州
第32种:乌兔经奇验经[宣纸线装1册]	[唐]杨筠松撰	180.00	九州
第33种:挨星考注[宣纸线装1册]	[清]汪董缘订定	260.00	九州
第34种:地理挨星说汇要[宣纸线装1册]	[明]蒋大鸿撰辑	220.00	九州

书　名	作　者	定　价	版别
第35种:地理捷诀[宣纸线装1册]	[清]傅禹辑	200.00	九州
第36种:地理三仙秘旨[宣纸线装1册]	清抄秘本	200.00	九州
第37种:地理三字经[宣纸线装3册]	[清]程思乐撰	580.00	九州
第38种:地理雪心赋注解[宣纸线装2册]	[唐]卜则嵬撰	380.00	九州
第39种:蒋公天元余义[宣纸线装1册]	[明]蒋大鸿等撰	220.00	九州
第40种:地理真传秘旨[宣纸线装3册]	[唐]杨筠松撰	580.00	九州
增补四库未收方术汇刊第一辑(全28函)	线装影印本	11800.00	九州
第一辑01函:火珠林·卜筮正宗	[宋]麻衣道者著	340.00	九州
第一辑02函:全本增删卜易·增删卜易真诠	[清]野鹤老人撰	720.00	九州
第一辑03函:渊海子平音义评注·子平真诠·命理易知	[明]杨淙增校	360.00	九州
第一辑04函:滴天髓:附滴天秘诀·穷通宝鉴:附月谈赋	[宋]京图撰	360.00	九州
第一辑05函:参星秘要诹吉便览·玉函斗首三台通书·精校三元总录	[清]俞荣宽撰	460.00	九州
第一辑06函:陈子性藏书	[清]陈应选撰	580.00	九州
第一辑07函:崇正辟谬永吉通书·选择求真	[清]李奉来辑	500.00	九州
第一辑08函:增补选择通书玉匣记·永宁通书	[晋]许逊撰	400.00	九州
第一辑09函:新增阳宅爱众篇	[清]张觉正撰	480.00	九州
第一辑10函:地理四弹子·地理铅弹子砂水要诀	[清]张九仪注	320.00	九州
第一辑11函:地理五诀	[清]赵九峰著	200.00	九州
第一辑12函:地理直指原真	[清]释如玉撰	280.00	九州
第一辑13函:宫藏真本入地眼全书	[宋]释静道著	680.00	九州
第一辑14函:罗经顶门针·罗经解定·罗经透解	[明]徐之镆撰	360.00	九州
第一辑15函:校正详图青囊经·平砂玉尺经·地理辨正疏	[清]王宗臣著	300.00	九州
第一辑16函:一贯堪舆	[明]唐世友辑	240.00	九州
第一辑17函:阳宅大全·阳宅十书	[明]一壑居士集	600.00	九州
第一辑18函:阳宅大成五种	[清]魏青江撰	600.00	九州
第一辑19函:奇门五总龟·奇门遁甲统宗大全·奇门遁甲元灵经	[明]池纪撰	500.00	九州
第一辑20函:奇门遁甲秘笈全书	[明]刘伯温辑	280.00	九州
第一辑21函:奇门庐中阐秘	[汉]诸葛武侯撰	600.00	九州
第一辑22函:奇门遁甲元机·太乙秘书·六壬大占	[宋]岳珂纂辑	360.00	九州
第一辑23函:性命圭旨	[明]尹真人撰	480.00	九州
第一辑24函:紫微斗数全书	[宋]陈抟撰	200.00	九州
第一辑25函:千镇百镇桃花镇	[清]云石道人校	220.00	九州

书　名	作　者	定　价	版别
第一辑 26 函:清抄真本祝由科秘诀全书·轩辕碑记医学祝由十三科	[上古]黄帝传	800.00	九州
第一辑 27 函:增补秘传万法归宗	[唐]李淳风撰	160.00	九州
第一辑 28 函:神机灵数一掌经金钱课·牙牌神数七种·珍本演禽三世相法	[清]诚文信校	440.00	九州
增补四库未收方术汇刊第二辑(全 36 函)	线装影印本	13800.00	九州
第二辑第 1 函:六爻断易一撮金·卜易秘诀海底眼	[宋]邵雍撰	200.00	九州
第二辑第 2 函:秘传子平渊源	燕山郑同校辑	280.00	九州
第二辑第 3 函:命理探原	[清]袁树珊撰	280.00	九州
第二辑第 4 函:命理正宗	[明]张楠撰集	180.00	九州
第二辑第 5 函:造化玄钥	庄圆校补	220.00	九州
第二辑第 6 函:命理寻源·子平管见	[清]徐乐吾撰	280.00	九州
第二辑第 7 函:京本风鉴相法	[明]回阳子校辑	380.00	九州
第二辑第 8 –9 函:钦定协纪辨方书 8 册	[清]允禄编	780.00	九州
第二辑第 10 –11 函:鳌头通书 10 册	[明]熊宗立撰辑	880.00	九州
第二辑第 12 –13 函:象吉通书	[清]魏明远撰辑	1080.00	九州
第二辑第 14 函:选择宗镜·选择纪要	[朝鲜]南秉吉撰	360.00	九州
第二辑第 15 函:选择正宗	[清]顾宗秀撰辑	480.00	九州
第二辑第 16 函:仪度六壬选日要诀	[清]张九仪撰	680.00	九州
第二辑第 17 函:葬事择日法	郑同校辑	280.00	九州
第二辑第 18 函:地理不求人	[清]吴明初撰辑	240.00	九州
第二辑第 19 函:地理大成一:山法全书	[清]叶九升撰	680.00	九州
第二辑第 20 函:地理大成二:平阳全书	[清]叶九升撰	360.00	九州
第二辑第 21 函:地理大成三:地理六经注·地理大成四:罗经指南拔雾集·地理大成五:理气四诀	[清]叶九升撰	300.00	九州
第二辑第 22 函:地理录要	[明]蒋大鸿撰	480.00	九州
第二辑第 23 函:地理人子须知	[明]徐善继撰	480.00	九州
第二辑第 24 函:地理四秘全书	[清]尹一勺撰	380.00	九州
第二辑第 25 –26 函:地理天机会元	[明]顾陵冈辑	1080.00	九州
第二辑第 27 函:地理正宗	[清]蒋宗城校订	280.00	九州
第二辑第 28 函:全图鲁班经	[明]午荣编	280.00	九州
第二辑第 29 函:秘传水龙经	[明]蒋大鸿撰	480.00	九州
第二辑第 30 函:阳宅集成	[清]姚廷銮纂	480.00	九州
第二辑第 31 函:阴宅集要	[清]姚廷銮纂	240.00	九州
第二辑第 32 函:辰州符咒大全	[清]觉玄子辑	480.00	九州
第二辑第 33 函:三元镇宅灵符秘箓·太上洞玄祛病灵符全书	[明]张宇初编	240.00	九州

书　名	作　者	定　价	版别
第二辑第34函:太上混元祈福解灾三部神符	[明]张宇初编	360.00	九州
第二辑第35函:测字秘牒·先天易数·冲天易数/马前课	[清]程省撰	360.00	九州
第二辑第36函:秘传紫微	古朝鲜抄本	240.00	九州
中国风水史	傅洪光撰	32.00	九州
古本催官篇集注	李佳明校注	48.00	九州
鲁班经讲义	傅洪光著	48.00	九州
子部善本1:新刊地理玄珠	精装古本影印	380.00	华龄
子部善本2:参赞玄机地理仙婆集	精装古本影印	380.00	华龄
子部善本3:章仲山地理九种(上下)	精装古本影印	760.00	华龄
子部善本4:八门九星阴阳二遁全本奇门断	精装古本影印	760.00	华龄
子部善本5:六壬统宗大全	精装古本影印	380.00	华龄
子部善本6:太乙统宗宝鉴	精装古本影印	380.00	华龄
子部善本7:重刊星海词林(全五册)	精装古本影印	1900.00	华龄
子部善本8:万历初刻三命通会(上下)	精装古本影印	760.00	华龄
子部善本9:增广沈氏玄空学(上下)	精装古本影印	760.00	华龄
子部善本10:江公选择秘稿	精装古本影印	380.00	华龄
风水择吉第一书:辨方	李明清著	168.00	华龄
增广沈氏玄空学	郑同点校	68.00	华龄
增补高岛易断(精装上下)	(清)王治本编译	198.00	华龄
地理点穴撼龙经	郑同点校	32.00	华龄
绘图地理人子须知(上下)	郑同点校	78.00	华龄
玉函通秘	郑同点校	48.00	华龄
绘图入地眼全书	郑同点校	28.00	华龄
绘图地理五诀	郑同点校	48.00	华龄
一本书弄懂风水	郑同著	48.00	华龄
风水罗盘全解	傅洪光著	58.00	华龄
堪舆精论	胡一鸣著	29.80	华龄
堪舆的秘密	宝通著	36.00	华龄
中国风水学初探	曾涌哲	58.00	华龄
全息太乙(修订版)	李德润著	68.00	华龄
时空太乙(修订版)	李德润著	68.00	华龄
故宫珍本六壬三书(上下)	张越点校	118.00	华龄
大六壬通解(全三册)	叶飘然著	168.00	华龄
壬占汇选(精抄历代六壬占验汇选)	肖岱宗点校	48.00	华龄
大六壬指南	郑同点校	28.00	华龄

书　　名	作　者	定　价	版别
六壬金口诀指玄	郑同点校	28.00	华龄
大六壬寻源编[全三册]	[清]周螭辑录	180.00	华龄
六壬辨疑　毕法案录	郑同点校	32.00	华龄
时空太乙(修订版)	李德润著	68.00	华龄
全息太乙(修订版)	李德润著	68.00	华龄
大六壬断案疏证	刘科乐著	58.00	华龄
六壬时空	刘科乐著	68.00	华龄
飞盘奇门:鸣法体系校释(精装上下)	刘金亮撰	198.00	九州
御定奇门宝鉴	郑同点校	58.00	华龄
御定奇门阳遁九局	郑同点校	78.00	华龄
御定奇门阴遁九局	郑同点校	78.00	华龄
奇门秘占合编:奇门庐中阐秘·四季开门	[汉]诸葛亮撰	68.00	华龄
奇门探索录	郑同编订	38.00	华龄
奇门遁甲秘笈大全	郑同点校	48.00	华龄
奇门旨归	郑同点校	48.00	华龄
奇门法窍	[清]锡孟樨撰	48.00	华龄
奇门精粹——奇门遁甲典籍大全	郑同点校	68.00	华龄
珞琭子三命消息赋古注通疏(精装上下)	明注　疏	188.00	华龄
御定子平	郑同点校	48.00	华龄
增补星平会海全书	郑同点校	68.00	华龄
五行精纪:命理通考五行渊微	郑同点校	38.00	华龄
青囊汇刊1:青囊秘要	[晋]郭璞等撰	48.00	华龄
青囊汇刊2:青囊海角经	[晋]郭璞等撰	48.00	华龄
青囊汇刊3:阳宅十书	[明]王君荣撰	48.00	华龄
青囊汇刊4:秘传水龙经	[明]蒋大鸿撰	68.00	华龄
青囊汇刊5:管氏地理指蒙	[三国]管辂撰	48.00	华龄
青囊汇刊6:地理山洋指迷	[明]周景一撰	32.00	华龄
青囊汇刊7:地学答问	[清]张九仪撰	58.00	华龄
青囊汇刊8:地理铅弹子砂水要诀	[清]张九仪撰	68.00	华龄
子平汇刊1:渊海子平大全	[宋]徐子平撰	48.00	华龄
子平汇刊2:秘本子平真诠	[清]沈孝瞻撰	38.00	华龄
子平汇刊3:命理金鉴	[清]志于道撰	38.00	华龄
子平汇刊4:秘授滴天髓阐微	[清]任铁樵注	48.00	华龄
子平汇刊5:穷通宝鉴评注	[清]徐乐吾注	48.00	华龄
子平汇刊6:神峰通考命理正宗	[明]张楠撰	38.00	华龄

书　　名	作　者	定　价	版别
子平汇刊7:新校命理探原	[清]袁树珊撰	48.00	华龄
子平汇刊8:重校绘图袁氏命谱	[清]袁树珊撰	68.00	华龄
子平汇刊9:增广汇校三命通会(全三册)	[明]万民英撰	168.00	华龄
纳甲汇刊1:校正全本增删卜易	郑同点校	68.00	华龄
纳甲汇刊2:校正全本卜筮正宗	郑同点校	48.00	华龄
纳甲汇刊3:校正全本易隐	郑同点校	48.00	华龄
纳甲汇刊4:校正全本易冒	郑同点校	48.00	华龄
纳甲汇刊5:校正全本易林补遗	郑同点校	38.00	华龄
纳甲汇刊6:校正全本卜筮全书	郑同点校	68.00	华龄
古今图书集成术数丛刊:卜筮(全二册)	[清]陈梦雷辑	80.00	华龄
古今图书集成术数丛刊:堪舆(全二册)	[清]陈梦雷辑	120.00	华龄
古今图书集成术数丛刊:相术(全一册)	[清]陈梦雷辑	60.00	华龄
古今图书集成术数丛刊:选择(全一册)	[清]陈梦雷辑	50.00	华龄
古今图书集成术数丛刊:星命(全三册)	[清]陈梦雷辑	180.00	华龄
古今图书集成术数丛刊:术数(全三册)	[清]陈梦雷辑	200.00	华龄
四库全书术数初集(全四册)	郑同点校	200.00	华龄
四库全书术数二集(全三册)	郑同点校	150.00	华龄
四库全书术数三集:钦定协纪书(全二册)	郑同点校	98.00	华龄
增补鳌头通书大全(全三册)	[明]熊宗立撰辑	180.00	华龄
增补象吉备要通书大全(全三册)	[清]魏明远撰辑	180.00	华龄
绘图三元总录	郑同编校	48.00	华龄
绘图全本玉匣记	郑同编校	32.00	华龄
周易正解:小成图预测学讲义	霍斐然著	68.00	华龄
周易初步:易学基础知识36讲	张绍金著	32.00	华龄
周易与中医养生:医易心法	成铁智著	32.00	华龄
增补校正邵康节先生梅花周易数全集	[宋]邵雍撰	58.00	华龄
梅花心易阐微	[清]杨体仁撰	48.00	华龄
梅花易数讲义	郑同著	58.00	华龄
白话梅花易数	郑同编著	30.00	华龄
梅花周易数全集	郑同点校	58.00	华龄
一本书读懂易经	郑同著	38.00	华龄
白话易经	郑同编著	38.00	华龄
周易象数学(精装)	冯昭仁著	98.00	华龄
知易术数学:开启术数之门	赵知易著	48.00	华龄
术数入门——奇门遁甲与京氏易学	王居恭著	48.00	华龄

书　　名	作　者	定　价	版别
壬奇要略(全5册:大六壬集应钤3册,大六壬口诀纂1册,御定奇门秘纂1册)	肖岱宗郑同点校	300.00	九州
白话高岛易断(上下)	[日]高岛嘉右卫门	128.00	九州
周易虞氏义笺订(上下)	[清]李翊灼校订	78.00	九州
周易明义	邸勇强著	73.00	九州
论语明义	邸勇强著	37.00	九州
统天易数(精装)	秦宗臻著	68.00	城市
统天易解(精装)	秦宗臻著	88.00	城市
润德堂丛书合编1:述卜筮星相学	袁树珊著	38.00	华龄
润德堂丛书全编2:命理探原	袁树珊著	38.00	华龄
润德堂丛书全编3:命谱	袁树珊著	68.00	华龄
润德堂丛书全编4:大六壬探原 养生三要	袁树珊著	38.00	华龄
润德堂丛书全编5:中西相人探原	袁树珊著	38.00	华龄
润德堂丛书全编6:选吉探原 八字万年历	袁树珊著	38.00	华龄
润德堂丛书全编7:中国历代卜人传	袁树珊著	168.00	华龄
天星姓名学	侯景波著	38.00	燕山
解梦书	郑同、傅洪光著	58.00	燕山